Serie de Teoría Jurídica y Filosofía del Derecho N.º 83

# Tabú en el Estado liberal de derecho
El más allá y el más acá de la racionalidad del Derecho

Centro de Investigación en Filosofía y Derecho

Isensee, Josef

    *Tabú en el Estado liberal de derecho : el más allá y el más acá de la racionalidad del Derecho* / Josef Isensee ; traductor Luis Felipe Vergara Peña. - Bogotá: Universidad Externado de Colombia. Facultad de Derecho. Centro de Investigación en Filosofía y Derecho. 2016.
    100 páginas; 16,5 cm. (Teoría Jurídica y Filosofía del Derecho ; 83)

Nota bibliográfica

ISBN: 9789587726015

1. Filosofía del derecho 2. Derecho y ética 3. Argumentación jurídica 4. Teoría del derecho 5. Derecho natural 6. Garantías constitucionales 7. Teoría constitucional I. Vergara Peña, Luis Felipe, traductor II. Universidad Externado de Colombia III. Título  IV. Serie.

340.1        SCDD 15

Catalogación en la fuente -- Universidad Externado de Colombia. Biblioteca. EAP.

        Diciembre de 2016

Josef Isensee

# Tabú en el Estado liberal de derecho
## El más allá y el más acá de la racionalidad del Derecho

Traductor
Luis Felipe Vergara Peña

Universidad Externado de Colombia

Serie orientada por CARLOS BERNAL PULIDO

Con la colaboración de LUIS FELIPE VERGARA PEÑA

Título original: "Tabu im freiheitlichen Rechstaat. Jenseits und diesseits der Rationalität des Rechts", en *Schönburger Gespräche zu Recht und Staat*. Ferdinand Schöningh Verlag, 2003.

ISBN 978-958-772-601-5

© 2016, 2003, JOSEF ISENSEE
© 2016, LUIS FELIPE VERGARA PEÑA (TRAD.)
© 2016, UNIVERSIDAD EXTERNADO DE COLOMBIA
   Calle 12 n.º 1-17 este, Bogotá
   Tel. (57-1) 342 0288
   publicaciones@uexternado.edu.co
   www.uexternado.edu.co

Primera edición en español: diciembre de 2016

Ilustración de cubierta: Cattedrale di Monreale, The Fall, por Sibeaster
Diseño de cubierta: Departamento de Publicaciones
Composición: Precolombi-David Reyes

# CONTENIDO

# I. LA IMAGEN ORIGINAL DEL TABÚ: EL ÁRBOL PROHIBIDO

## 1. PROTECCIÓN DE LOS SERES HUMANOS CONTRA SÍ MISMOS

Al comienzo de la historia de la salvación, o de la historia de la desgracia, está el rompimiento del tabú. El Dios creador, como bien se cuenta en el libro del Génesis, puso a los primeros hombres en el jardín del Edén para que lo cultivaran y cuidaran y les dijo: "Puedes comer de todos los árboles que hay en el jardín, exceptuando únicamente el árbol del conocimiento del bien y del mal. De él no deberás comer, porque el día que lo hagas quedarás sujeto a la muerte"[1]. Más adelante les indica: "No coman de él ni lo toquen, porque de lo contrario quedarán sujetos a la muerte"[2]. La prohibición de comer del fruto se intensifica en la prohibición de tocarlo: la imagen original del tabú. La serpiente, más astuta que los demás animales, sin embargo seduce: "No, no morirán. Dios sabe muy bien que cuando ustedes

---

1 Gen. 2,15-17.
2 Gen. 3,3.

coman de ese árbol, se les abrirán los ojos y serán como dioses, conocedores del bien y del mal". La tentación se tornó irresistible. En el lenguaje de la Biblia: Cuando la mujer vio que el árbol era apetitoso para comer, agradable a la vista y deseable para adquirir discernimiento, tomó de su fruto y comió; luego se lo dio a su marido, que estaba con ella, y él también comió"[3]. Sin embargo, Adán y Eva no murieron. ¿Acaso era vacía la amenaza que blindaba el tabú? ¿Acaso no era Dios sino la serpiente quien había dicho la verdad? Desde cierto punto de vista, la serpiente no los engañaba: Se abrieron los ojos de quienes infringieron el tabú. El conocimiento que adquirieron era autoconocimiento que, por lo demás, era vergonzoso: ellos descubrieron que estaban desnudos.

Entonces, perdieron su inocencia paradisiaca, la ingenua felicidad original de la armonía consigo mismos. Dado que ellos no habían confiado en Dios, ni le habían obedecido, no pudieron confiar más y se volvieron infelices consigo mismos. Sin embargo, la muerte no los alcanzó de inmediato; no obstante, con dolor, se hicieron conscientes de su mortalidad. La felicidad, tal como se muestra, presupone la renuncia a querer saberlo todo. El conocimiento causa la infelicidad. El tabú sirve para proteger a los hombres de sí mismos. El castigo que Dios inflige sobre la serpiente es la maldición de comer polvo; aquel

---

3  Gen. 3.6.

que inflige sobre la mujer es la maldición de parir
los hijos con dolor, y sobre el hombre, la maldición
del trabajo. La religión judeo-cristiana enseña: con
el primer pecado llegó la desgracia, la caída del
hombre en el pecado original, el carácter perecedero
de su naturaleza, las fatigas de su vida en la tierra,
la muerte como su ruina. La moraleja del mito bí-
blico[4], más allá de cualquier exégesis teológica es:
también en el mejor estado posible hay un tabú. Su
observancia es la condición para que este estado se
conserve. En consecuencia, la libertad de los hombres no es ilimitada. Ella se topa con una prohibición
preestablecida que no puede ser cuestionada. Es por
ello que tienta la curiosidad, el deseo de probar del
fruto del árbol del conocimiento. No obstante, la
curiosidad es el pecado.

---

4   Sobre la calificación o interpretación de mito: PAUL RICOEUR,
    Symbolik des Bösen, Phänomenologie der Schuld II (aus dem
    Französischen übersetzt von Maria Otto), 1960, p. 265 y ss.,
    375 y ss – El papa Juan Pablo II ofrece una interpretación teo-
    lógica en su encíclica "Veritatis splendor" del 6 de agosto de
    1993: Con la imagen del árbol prohibido la revelación enseña
    "la Revelación enseña que el poder de decidir sobre el bien
    y el mal no pertenece al hombre, sino sólo a Dios" (Veritatis
    splendor n.° 35, en AAS LXXXV, 1993 p. 1135 [1162 y s.]. Para él
    se trata según el "testimonio del comienzo", del pecado ori-
    ginal de la "desobediencia". El pecado, del que el "misterio
    del mal" toma su significado, es la resistencia de los hombres
    contra la voluntad de Dios, como rechazo a la verdad está en
    Dios. (Encíclica "Dominum et vivificantem" del 18 de mayo
    de 1986 n.° 33, en AAS LXXVIII, 1986, p. 809 [ 845 y s.])

El tabú es la piedra de toque de la obediencia, precisamente porque se abre al entendimiento como algo útil o necesario. Es algo más que la mera obediencia al derecho que se exige en un Estado secular, a través de normas y órdenes determinadas y por tanto limitadas en su contenido. Por el contrario, es el temor ante el objeto sacrosanto, el temor que impide disfrutar e incluso palpar, y que aconseja guardar la mayor distancia posible.

En el tabú los hombres experimentan su libertad. La violación del tabú les cuesta una fatiga corporal o intelectual. Con tan solo agarrarla, la manzana es suya. Ningún vigilante se los impide. En medio de la pareja y el objeto de su deseo está solamente la ley invisible. Adán y Eva deben renunciar a explorar aquello que de suyo es accesible, y renunciar a hacer algo que podrían llevar a cabo sin toparse con algún impedimento externo. Se les prohíbe llevar hasta el final sus posibilidades de acción e investigación, y con ello emplear su libertad de tal forma que le pongan conscientemente límites.

## 2. Aseguramiento de la dominación

Hasta aquí, la moraleja de la historia parece plausible: de la desobediencia se sigue el castigo. Con todo, esta plausibilidad es destruida sorpresivamente al final de la historia. El Señor menciona una razón adicional para la expulsión del jardín del Edén, a saber, que el hombre, con su semejanza a Dios, no lleve ahora las cosas muy lejos: "[e]l hombre ha llegado

a ser como uno de nosotros en el conocimiento del
bien y del mal. No vaya a ser que ahora extienda su
mano, tome también del árbol de la vida, coma y
viva para siempre"[5].

En términos jurídicos: la justificación cambia del
ámbito del derecho penal al derecho de policía. Al
principio, esta justificación apunta a las represalias
de la desobediencia; ahora se ocupa de la preven-
ción de riesgos, cuando no de repeler el peligro que
proviene de los hombres que se han apropiado del
conocimiento prohibido y que ahora quieren echar
mano de la inmortalidad a Dios reservada[6]. Para
proteger al creador de sus criaturas, a partir de ahora los querubines cierran, con espadas en llamas, la
entrada al jardín.

La justificación irrita al lector desprevenido. Dios
se muestra celoso frente a sus propias criaturas y se
preocupa de que ellas puedan igualársele cuando
no superarlo. ¿Teme él sufrir la suerte que en el mito griego alcanza al viejo género de los dioses, los
cuales fueron destronados y desterrados al Tártaro
por sus propios hijos los Crónidas? ¿Cómo podría
sobrellevar la preocupación con su unicidad y om-
nipotencia? En la tradición judeo-cristiana este dilema se oculta totalmente. El delicado pasaje, Gen.

---

5  Gen. 3, 22.

6  Cierto comentador ve aquí "una medida de precaución para
   evitar algo peor" (JAN ALBERTO SOGGIN, Das Buch Genesis
   [traducido del italiano al alemán por Thomas Frauenlob] 1997,
   p. 95).

3.22 (el más tardío, de las cuatro capas textuales, que actualmente distingue la exégesis), no aparece en las perícopas habituales. La crítica científica de textos, como la exégesis teológica deja abierto el asunto[7]. Esto sin embargo no es nuestro tema. Nosotros utilizamos la narración bíblica como paradigma de la esencia y de los efectos del tabú para trasplantarlo a un ámbito que hasta ahora lo ha desconocido: la teoría del Estado y la teoría constitucional. Precisamente, porque el ámbito de aplicación del concepto es nuevo, nos preguntamos por el significado del más antiguo de los documentos en la historia de la humanidad. Permanecemos en nuestro círculo cultural y nos liberamos de investigaciones sobre lo que los polinesios, de cuyo idioma proviene la palabra tabú, entienden acerca de este asunto[8].

A través de los lentes de la teoría del Estado, se muestra el tabú del Génesis de modo ambivalente. Conforme con su primera justificación, este tabú debe

---

7   Sobre la génesis e interpretación del texto: CLAUS WESTERMANN, Genesis, 1. Teilband, 1974, p. 368 y ss.; LOTHAR RUPPERT, Genesis, I. Teilband, 1992, p. 165 y ss .; Soggin (N 6), p. 93 y ss.

8   Estudios clásicos de tipo etnológico y psicológico: WILHELM WUNDT, Völkerpsychologie, 11. Bd., Mythos und Religion, 1906; SIGMUND FREUD, Totem und Tabu (1913). en: el mismo., Gesammelte Werke, 9. Bd., London 1940, p. 26 y ss.; *Rudolf FRIEDRICH LEHMANN, Die polynesischen Tabusitten. Eine ethnosoziologische und religionswissenschaftliche Untersuchung*, 1930. De tiempo más reciente, MARY DOUGLAS, Ritual, Tabu, Körpersymbolik: sozialanthropologische Studien in Industriegesellschaft und Stammeskultur, 1998.

proteger a los hombres de sí mismos; sin embargo, también está destinado a servir a los intereses del Señor, a reforzar el orden dominante, y a mantener la diferencia entre arriba y abajo. La segunda función parece contradecir y derogar la primera. De inmediato se manifiestan los reflejos de la psicología moderna del desocultamiento: el tabú no es más que una finta refinada de los gobernantes para estabilizar su sistema, para paralizar el deseo de conocimiento de los súbditos, para adormecer la razón crítica, para mantener el pueblo a distancia. ¡Pero calma! El tabú no se explica ni se disipa completamente de modo tan simple. Darse por satisfecho con una crítica tan ligera implica terminar con el examen cuando apenas está empezando.

## II. MÁS ALLÁ DE LA RACIONALIDAD INSTRUMENTAL DEL DERECHO

En su significado original, la palabra polinesia, "ta-bú", designa algo sacro, que se eleva sobre lo habitual, y que es siniestro y prohibido[9]. Ella rodea su objeto como barrera invisible cuya violación significa un sacrilegio. El concepto contrario, "Noa" representa lo ordinario, generalmente accesible. A partir de Sigmund Freud, el tabú se diferencia de los mandatos morales por carencia de inclusión en un sistema que en general declara y justifica ciertas reservas como necesarias. "Las prohibiciones tipo tabú prescinden de cualquier justificación; ellas son de desconocida proveniencia; para nosotros incomprensibles, parecen obvias a quienes se encuentran bajo su dominio." Freud resume los informes etnológicos señalando que en los pueblos primitivos " esto o aquello se prohibe, no sabemos por qué, y ni se les ocurre preguntarlo, sino que se someten a ello como a una cosa obvia,

---

9   Cf. Las indicaciones e interpretaciones etnológicas en Freud
(N 8), p. 26, 84 y s.

convencidos de que una violación se castigaría sola con la máxima severidad"[10*].

El tabú está más allá del horizonte del ordenamiento jurídico moderno. Se desprende de la dignidad sacra, de lo numinoso, lo extraordinario. Según criterios polinesios, el ordenamiento pertenece a la *Noa*: lo habitual, lo accesible, lo secular, lo que parte del mundo cotidiano. Las prohibiciones legales se pueden explicar como medios para alcanzar ciertos fines que, como tales, están sujetas a un procedimiento de justificación basado en la prohibición de exceso. Por el contrario, un tabú no puede justificarse racionalmente. Aquí no se puede reconocer un objetivo, ni criterios de idoneidad, necesidad, y proporcionalidad, conforme a los cuales pueda examinarse una prohibición. De esta manera, no tiene nada en común con una ley penal actual, que establece una determinada violación a una regla y que dosifica unas sanciones determinadas según la culpa y el grado de inconformidad con el derecho. El tabú es difuso. Sus límites no se encuentran demarcados de manera precisa, de tal modo que se recomienda guardar distancia respecto de él. La sanción del tabú no tiene medida. El tabú no apela al entendimiento de su destinatario, que calcula los costos y beneficios

---

10 Freud (N 8), p. 30.

* N.d.t.: Se utiliza la traducción de José L. Etcheverry, Sigmund Freud, Totem y Tabú y otras obras en Obras Completas, vol, XIII Amorrortu, Buenos Aires, 1976, p. 30.

de su obediencia, como a su sentimiento y su conciencia: la reverencia respecto de lo *fascinosum* y lo
*tremendum* de un poder inescrutable.

La infracción de una ley penal acarrea un procedimiento reglado, a través del cual el juez determina la sanción. El tabú, por el contrario, no necesita
de protección a través de su ejecución[11]. El tabú se
venga por sí mismo. Se puede hablar de una *poena
naturalis,* un mal, por el "que [el] vicio se castiga a
sí mismo"[12]*. El verdadero mal que afecta a Adán y
Eva resulta de tomar la manzana: el conocimiento
que destruye su felicidad. La desgracia interna atrae
la externa: la expulsión del paraíso al campo lleno
de cardos y espinas.

El tabú, por tanto, es extraño al derecho moderno.
Este fue el punto de partida cuando emprendimos el
experimento de relacionar el fenómeno extrajurídico
con el derecho constitucional, al modo del químico

---

11 Cf. NORTHCOTE W. THOMAS que escribe: Cuando se juntan las
concepciones de dioses y demonios con las que el tabú se re-
laciona se espera un castigo automático del poder divino. En
otros casos, tal vez como consecuencia del desarrollo continuo
del concepto, la sociedad asume el castigo del descarriado cuyo
comportamiento ha puesto en peligro a los camaradas (citado
según FREUD). [N 8], p. 28).

12 Cita: IMMANUEL KANT, Metaphysik der Sitten, Erster Teil, Me-
taphysische Anfangsgründe der Rechtslehre, 1797, p. 196.

* N.d.t.: Se utiliza la traducción de Adela Cortina en IMMANUEL
KANT, La Metafísica de las Costumbres, Tecnos, Madrid, 2008,
p. 166.

que reúne dos elementos para observar su reacción. Buscaremos el punto de partida para la observación en la teoría constitucional y del Estado.

## III. LAS DIMENSIONES POLÍTICAS DEL TABÚ

Es natural observar el tabú solamente como un asunto de las culturas y de épocas premodernas. En efecto, aquí está su asiento original y evidente. Este prospera en la medida en que las creencias en fuerzas sobrenaturales son efectivas, en que lo sagrado, tanto en su terrible como en su fascinante forma, influye el mundo de la vida (*Lebenswelt*), en la medida en que el hombre no intenta resolver los enigmas de la naturaleza, la cual asume, junto con el orden social, como algo dado. En la edad media se consideraba como *hybris*, el traspasar las fronteras del mundo dado de experiencias, conocimientos y creencias.

En la *Divina Comedia*, Odiseo, llevado por la inquietud y curiosidad –en Dante tiene ciertos rasgos faustianos– se precipita en el infierno, en uno de sus más profundos círculos[13], después de sobrepasar, a una elevada edad, las columnas de Hércules, las señales de los límites y de prohibición del mundo habitado, para aprovechar la corta vejez y tener una experiencia sensual de la parte desconocida del mundo. El Fausto de Goethe, por el contrario, para

---

13 DANTE ALIGHIERI, Divina Commedia, Inferno, XXVI, 85-142.

quien ni lo próximo ni lo lejano colman ese pecho profundamente conmovido'", y a quien no lo asusta ningún tabú en la búsqueda de aquello que mantiene unido al mundo en lo más profundo, es liberado al final. En Fausto no se necesita la tentación satánica para traspasar las prohibiciones de pensar y cuestionar. Fausto solo necesita al diablo como ayuda para llevar a cabo sus planes. Este, sin embargo, como lo hiciera su tía, la famosa serpiente, lo quiere llevar a comer polvo. Al fin y al cabo, en el libro de visitas, Mefistófeles escribe al ingenuo estudiante principiante la seductora promesa de su tía, *"Erictis sicut deus scientes bonum et malum'"*, añadiendo el silencioso comentario de que Fausto, en caso de seguir este dicho, con certeza, al menos una vez, tendrá temor de su semejanza divina[14].

Mientras que el Estado y la religión estuvieron unidos, las creencias, las construcciones, las instituciones y los cargos podían ser sacrosantos y envolverse en el velo de lo numinoso[15]. En especial, se fundaba la monarquía en reglas, concepciones, ceremonias y símbolos sagrados. Los tabús aseguraban la autoridad. La curiosidad era un sacrilegio, la obediencia

---

* N. d. t: Se traduce más o menos: "Sereis como Dios, conocedores del bien y del mal".
* N. d. t.: se utiliza traducción de Pedro Gálvez, Fausto, Bruguera, Barcelona, 1984.
14 JOHANN WOLFGANG VON GOETHE, Faust I, 134-135, 2048-2050.
15 Acerca del "tabú del gobernante" entre los salvajes y los pueblos europeos FREUD (N 8), p. 53 y ss.

una virtud. Precisamente por esto, ellas servían a la bien entendida felicidad de los súbditos. En el orden estatal, podía reconocerse de nuevo un elemento de los estatutos del paraíso.

El Papa invocó este elemento cuando la revolución francesa se sublevó contra el orden tradicional y proclamó la igualdad y la libertad natural de todos los seres humanos. Pio IV condenó en 1791, en su Breve apostólico, *"Quod aliquantum"*, la opinión según la cual era un derecho de los hombres que viven en sociedad el disfrutar de toda su libertad, de tal forma que no se les impida el ejercicio de su religión, sino que quede a su discreción lo que se deba pensar, hablar, escribir o publicar acerca de preguntas religiosas. Para él, se trataba de un terrible desatino. "¿Acaso no pronuncia Dios su sentencia de muerte respecto del hombre, cuando lo crea y lo pone en el Paraíso, y este come el fruto del árbol del conocimiento del bien y del mal? ¿Acaso no ha limitado ya Dios la libertad de los hombres a través de la primera prohibición? ¿Acaso no ha impuesto otros mandatos a través de Moisés, después de que el hombre se hizo culpable debido a su desobediencia? Y aunque Dios dejó al hombre en libertad de escoger entre lo bueno y lo malo, añadió mandatos y prohibiciones que salvarán al hombre si se acoge a estos"[16].

---

16 PIO VI, Breve "Quod alquamtum" del 10 de marzo de 1791 (Texto en: Arthur Utz/Brigitta Gräfin von Galen [Ed.], Die katholische Sozialdoktrin in ihrer geschichtlichen Entfaltung,

Medio siglo después, en su poema *Adán el Primero*, Heinrich Heine se apropia de la explicación política del árbol prohibido, imprimiéndole, sin embargo, una radical tendencia ilustrada.

"Tú enviaste la espada en llamas
Los gendarmes celestiales
Y me ahuyentaste del Paraíso
Sin derecho ni piedad alguna

Me embarcaré con mi mujer
Hacia otras tierras
Sin embargo, tú no puedes cambiar el hecho
De que haya disfrutado del fruto de la sabiduría

Tú no puedes cambiar el hecho de que sepa
Lo pequeño y lo insignificante que eres
Y tú te haces el importante
A través de la muerte y del trueno

¡Oh Dios! Qué miserable es todo esto
*¡Consilium abeundi!*
Eso es lo que yo llamo un Magnífico
Del mundo, un *Lumen Mundi*!"

---

Bd. 111,1976 n.° XXVI, p. 2652 (2662 y ss.]), Cita en el interior: Sir. XV 15-16. - Acerca del transfondo de filosofía del derecho y del Estado: Josef Isensee, Keine Freiheit für den Irrtum. Die Kritik der katholischen Kirche an den Menschenrechten als staatsphilosophisches Paradigma, en ZRG Kann. Abt. LXXIII, 1987, p. 296 y ss.

El Adán de Heine no cree en el Paraíso Perdido:

"Nunca jamás extrañaré
Los espacios paradisiacos;
Eso no era un paraíso real
Allá había árboles prohibidos

¡Yo quiero mi derecho pleno a la libertad!
Si encuentro la más mínima restricción,
El paraíso se torna para mi
En infierno y cárcel"[17].

Se puede oponer al obstinado espíritu ilustrado, que
se manifiesta en el poema de Heine, el hecho de que
la supresión de los árboles prohibidos, hasta el día de
hoy, no ha traído ningún paraíso. Sin embargo, este
reparo no surte efecto. El Adán de Heine escoge la
libertad y está dispuesto a asumir las consecuencias,
a perder el bienestar asegurado, y de ahora en adelante, a sufrir el hambre, el trabajo y el desamparo. El
rompimiento del tabú lo hizo conocedor. Él observa
la nulidad del orden vigente hasta ahora. Este ha
perdido su secreto y colapsa. El conocimiento que
ha adquirido en un acto de desobediencia lo hace
libre. Para el que es libre, nada es sacro. El derecho
a la libertad ocupa el puesto de la obediencia. El

---

17 HEINRICH HEINE, Adam der Erste, das zweite von Heines
   "Zeitgedichten" (1839-1846), en la misma, Sämtliche Werke,
   1. Bd., Leipzig o. J., p. 321 y s.

que ha sido expulsado del Paraíso asume su suerte, orgulloso de no reconocer a ningún Señor. Él se hace consiente de sí mismo, sin temor frente a las amenazas del poder, sensible frente a sus órdenes.

Nos parece preciso hacer una aclaración respecto del anterior tipo ideal: la destrucción ilustrada del tabú no solo es un asunto de la ilustración moderna. La historia del cristianismo es, por su parte, una historia de la ilustración religiosa contra el tabú legalista de los fariseos, contra la magia y la superstición del paganismo. En los inicios del cristianismo, en Alemania, se podía acceder a cierto árbol prohibido: Bonifacio derribó el roble Dónar; el Dios germano no envió ningún rayo para aplastar al sacrílego. El árbol ni siquiera se movió. En su lugar, se abrió paso a la creencia en el Dios, en cuyo nombre y sin temor alguno, el misionero rompió el tabú.

# IV. DIALÉCTICA DE LA ILUSTRACIÓN

## 1. DESTRUCCIÓN DEL TABÚ ARCAICO

El Adán de Heine representa la ilustración política. Esta no acepta la validez de los tabús, más allá de aquella, según la cual no puede haber tabús. Ella aspira a develar los secretos del mundo, mas no a conservarlos o difundirlos. Ella quiebra los prejuicios de hierro y lleva la luz a los trasfondos irracionales. El miedo mágico, el temor irracional, la convicción religiosa, la procedencia venerable, se apartan de la razón crítica. Kant, de quien sus contemporáneos decían que todo lo demolía, escribió el siguiente programa: "[n]uestra época es, de modo especial, la de la crítica. Todo ha de someterse a ella. Pero la religión y la legislación pretenden de ordinario escapar a la misma. La primera a causa de su santidad y la segunda a causa de su majestad, al hacerlo, despiertan contra sí mismas sospechas justificadas y no pueden exigir un respeto sincero, respeto que la razón solo concede a aquello que es capaz de resistir un examen público y libre"[18*].

---

18 IMMANUEL KANT, Kritik der reinen Vernunft, Anmerkung in

El Estado ha sido desencantado. Él ya no participa
de la sacralidad de la religión y ya no infunde respeto.
Cien años después, Nietzsche planteará la tesis de
que, con la secularización y la democratización, con
la privatización de las tareas estatales y con el desen-
cadenamiento de la persona privada, se anunciaba
la muerte del Estado: "el interés del gobierno tutelar
y el interés de la religión van juntos de la mano, de
modo que cuando esta empieza a marchitarse, se
resquebrajan también los cimientos del Estado. La
creencia en un orden divino de las cosas políticas, en
un misterio en la existencia del Estado, es de origen
religioso: si la religión desaparece, el Estado perde-
rá irremisiblemente su antiguo velo de Isis y ya no
infundirá respeto. La soberanía del pueblo, vista de
cerca, sirve para ahuyentar hasta el último hechizo
y superstición en el ámbito de estos sentimientos:
la democracia moderna es la forma histórica de la
decadencia del Estado"[19*]. El diagnóstico de Nietzsche se desvía de la realidad. La historia ha mostrado,

---

der Vorrede zur ersten Auflage (1791). Meiner-Ausgabe 1956,
p. 7.

*   N.d.t.: Se utiliza la traducción de Pedro Ribas, IMMANUEL KANT,
    Crítica de la Razón Pura, Taurus, Madrid, p. 7.

19  FRIEDRICH NIETZSCHE, Menschliches, Allzumenschliches, 1. Bd.,
    n.º 472 (1878), en la misma, Werke (Ed. por Karl Schlechta), I.
    Bd., 1963, p. 435 (682).

*   N.d.t.: Se utiliza la traducción española de Alfredo Brotons
    Muñoz, en FRIEDRICH NIETZSCHE, Humano, demasiado humano,
    vol. 1, Akal, Madrid. 1996, 2001, p. 228.

que la caída de la vieja legitimación del Estado y sus viejas estructuras no ha arrastrado consigo al Estado como tal; por el contrario, se ha elevado como el ave Fénix de las cenizas. Cuando la forma numinosa se quiebra, el Estado asume forma secular, marcado por la racionalidad instrumental.

Lo que con la Ilustración queda del Estado es un constructo de la razón práctica para el aseguramiento de las condiciones de la libertad individual. El Estado ya no es un secreto; sin embargo, él *guarda* todavía varios secretos. Con todo, solo puede hacerlo en la medida en que esta reserva sea útil e imprescindible para su capacidad de funcionamiento, en razón de los fines de la sociedad a cuyo servicio él se encuentra. Su forma de funcionamiento se encuentra bajo el mandato de la transparencia, sus normas, bajo el mandato de la publicidad. Precisamente, por esta transparencia, estas normas son accesibles para "un examen público y libre", a través de la razón. Este examen se lleva a cabo a través del discurso al que todo el mundo tiene acceso. La legislación ha perdido su majestad. Ella es un procedimiento de fabricación de normas que se controlan en función del cumplimiento de ciertos estándares.

El Estado no se identifica con la verdad. Él deja que los individuos busquen la verdad de la religión, de la visión de mundo, de la ciencia; deja que confronten en todo lugar y sometan a crítica sus conocimientos. La *parole* es: *Si nous ne sommes pas discutables, nous ne sommes pas vrais*. Ello se traduce más o menos en lo siguiente: si no permitimos que nos cuestionen, no somos verdaderos. Solo quien se somete a un examen público puede exigir que se le reconozca públicamente. Lo que cuenta es el argumento racional. En el reino de la razón, el tabú no puede desarrollarse, ni siquiera si fuera favorable a los individuos. El individuo es visto como un mayor de edad que no requiere de asistencia. Ningún tutor autodesignado, puede, ni siquiera por buenas razones, ponerle en un estado de inconciencia artificial[20]. El mayor de edad soporta más la dolorosa verdad que el indulgente engaño.

El tabú sería irreconciliable con la igual libertad general de todos los ciudadanos. Ella no soporta ninguna prohibición de pensar, de hablar o investigar. Para esta ilustración, dice Kant, no se exige nada más que la libertad; "la libertad de hacer un uso público de la propia razón, en cualquier dominio"[21]*. Con orgullo Schiller establece: "el libre espíritu de la investigación ha puesto fin a aquellos conceptos

---

20  En la literatura clásica: Wilhelm von Humboldt, Ideen zu einem Versuch, die Grenzen der Wirksamkeit des Staates zu bestimmen (1792); John Stuart Mill, On Liberty, London 1859.

21  Immanuel Kant, Beantwortung der Frage: Was ist Aufklärung? (1783), en la misma., Werke (Weischedel-Ausgabe), Bd.6, 1964, p. 53 (55).

*  N.d.t.: Se utiliza la traducción española de Roberto Rodríguez Aramayo, Immanuel Kant, Contestación a la pregunta: ¿Qué es la ilustración?, en ¿Qué es la ilustración? Y otros escritos de ética, política y filosofía de la historia. Alianza, Madrid, 2013, p. 87.

equívocos que durante largo tiempo impidieron el
acceso a la verdad, y ha socavado las base sobre la
que el fanatismo y el engaño erigieron su trono"[22*]. A
la pregunta sobre quien tiene derecho de ilustrar a la
humanidad, respondió Wieland, "que cada uno, sin
excepción –desde Sócrates a Kant hasta el más oscuro sastre o zapatero inspirado celestialmente–, está
autorizado a ilustrar a la humanidad, y tan pronto
como su buen o mal talante se le exija. Se mire por
donde se mire, se verá que la sociedad humana está
infinitamente menos amenazada por esta libertad
que si, por el contrario, se considera la iluminación
de la mente y la acción y omisión del hombre como
un monopolio o asunto exclusivamente gremial"[23*].

## 2. INSTITUCIÓN DEL TABÚ ILUSTRADO

No obstante, tal y como lo ven los teóricos de la Ilustración, el tabú no está erradicado. A pesar de todas

---

22 FRIEDRICH SCHILLER, Über die ästhetische Erziehung des
   Menschen in einer Reihe von Briefen, Achter Brief. Über die
   Grenzen der Vernunft (1795), en la misma, Sämtliche Werke,
   18. Bd., 1826, 5.1 (35).

*  N.d.t: Se utiliza la traducción de Jaime Feijóo y Jorge Seca,
   FRIEDRICH SCHILLER, Cartas sobre la educación estética del
   hombre, Anthropos, Barcelona, 1999, p. 166.

23 CHRISTOPH MARTIN WIELAND, Sechs Fragen zur Aufklärung
   (1789), en la misma, Sämtliche Werke, 30. Bd., 1857, p. 369 (376).

*  N.d.t.: Se utiliza la traducción española de Agapito Maestre y
   José Romagosa, J. B. ERHARD, IMMANUEL KANT et al., ¿Qué es
   la Ilustración", Tecnos, Madrid, 1999, pp. 45-50

las luces que la filosofía y la experiencia pudieran haber traído, como dice Schiller, mientras persista la dominación general de los prejuicios y la oscuridad en las cabezas, seguiremos siendo bárbaros[24]. La mayor parte se distancia tímidamente frente a las enseñanzas de sus maestros. El hecho de que cada uno tenga derecho de servirse de su entendimiento no dice nada acerca de que cada uno, si se topa con un tabú, tenga el valor o esté dispuesto a realizar el esfuerzo intelectual de cuestionar una convicción consolidada. De un modo más amargo, juzga Kant a la apática masa: "Pereza y cobardía son las causas merced a las cuales tantos hombres continúan siendo con gusto menores de edad durante toda su vida, pese a que la Naturaleza los haya liberado hace ya tiempo de una conducción ajena (haciéndoles físicamente adultos); y por eso les ha resultado tan fácil a otros el erigirse en tutore suyos"[25]. Kant critica al ser humano, tal y como es él, como un ser que no es puramente racional, sino que también es emocional, en el que por regla general las virtudes del estudioso, el deseo de investigar, la aplicación, y el valor para conocer la verdad, no están desarrollados completamente. De tal modo, el hombre tiende a arreglárselas con el mundo tal y como este se le muestra, a asumir los prejuicios y usos como descarga del pensamiento y de los cuestionamientos, a conducir preferiblemen-

---

24 SCHILLER (N 22), p. 35, 36.
25 KANT (N 21), p. 53.

te una existencia social cómoda y sin molestias. El hombre asume así el precio del tabú, antes que caer en el aislamiento social que trae consigo su violación.

Quien se sirve de su propio entendimiento no lo debe hacer en el sentido ilustrado, sino precisamente con el objeto de defender el tabú. La población no ilustrada que, según el desdeñoso juicio de Kant, persiste en la minoría de edad autoculpable, encuentra un abogado en Johann Georg Hamman, coterráneo del mismo Kant en Königsberg. Él le recuerda a Kant, al "razonador y especulador detrás de la estufa", que la tutoría del Estado "tiene un ejército abundante y bien disciplinado para garantizar su infalibilidad y ortodoxia". Al tiempo, redirige el reproche moral que se formula al interdicto contra el tutor mismo, insinuando que Kant se contaba a sí mismo como miembro de la clase de los tutores que querían darse prestigio respecto de sus lectores interdictos[26].

¿Basta con reemplazar en la ilustración unos tutores por otros nuevos? ¿Destruye esta los tradicionales tabús, para reemplazarlos por nuevos, con sus propias conquistas? ¿No se exige una ilustración sobre la ilustración? Platón puede ofrecer un ejemplo. Primero vetó de modo radical-ilustrado los cuentos y mitos infantiles y engañosos de su Estado ideal, y al final los introdujo como "mentiras en provecho

---

26 JOHANN GEORG HAMANN, Brief an Christian Jacob Kraus (1784), en Was ist Aufklärung?, Erhard Bahr (ed.), 1974, p. 17 (20).

del Estado"[27]. Es evidente que la destrucción del orden establecido no puede continuar de manera infinita, y que la emancipación viene a parar en el vacío total. También el *horror vacui* sobreviene tarde o temprano al ilustrador. Así se crea la necesidad de nuevos contenidos; a la fase destructiva de la ilustración le sigue la constructiva. El árbol paradisiaco del conocimiento ha caído y ahora se eleva el árbol de la libertad. La era de la duda se disuelve en la era de las certezas (sobre las que, sin embargo, se pueden sembrar nuevas dudas). Ahora se trata de defender los logros de la ilustración contra una recaída en estados preilustrados. Donde las buenas razones fracasan, aparecen el miedo y la intimidación en el panorama.

Un primer paso de la teoría del Estado en la realidad histórica conduce a una paradoja. La ilustración destruye los tabús; sin embargo, ella es en sí misma un biotopo para ellos. Los tabús ilustrados son, sin embargo, menos vitales que los arcaicos. El espíritu de la ilustración que los ha producido puede volverse contra sí mismo. El defensor del tabú ilustrado tiende a controvertir que sea un tabú aquello que protege. Según él se trata más bien de un conocimiento colectivo que debe defenderse frente a quienes se rehúsan a aprender y frente a los malintencionados que todavía se empeñan en utilizar un vocabulario

---

27 Platon, Politeia, 377 aff., 414 bff., 595 bff.

emancipatorio[28]: *Quod licet Iovi...*[*]. Un querubín actual con la espada en llamas de la teoría crítica: "Los rápidos y autocomplacientes destructores de tabús que utilizan prestado el discurso de emancipación como lavadero. Aquí se convierte la peste (sudorosa) de los obstinados en la ambición de ganancia de los hábiles renegones"[29].

¿Termina el proceso de la ilustración por conducir de vuelta al punto de donde partió? Se podría pensar en un proceso circular; sin embargo, la comparación que más se acomoda es la de un espiral, porque el conocimiento que ya se ha adquirido no se retrotrae, y los tabús que una vez se quebraron no son revividos. El Estado original preilustrado no retorna. Se observa una suerte de conservatismo ilustrado que de nuevo intenta darle al tabú un sentido, sin negar la herencia de la ilustración. Se tiende a hablar de postilustración. Sin embargo, la ilustración todavía no ha acabado. Ella ha alcanzado, tras su éxito, un nuevo nivel, del cual no solo se parte para cambiar lo tradicional según sus concepciones, sino para defender lo que se ha logrado. La esencia de la ilustración

---

28 JÜRGEN HABERMAS, Tabuschranken, en Süddeutsche Zeitung del 7.6.2002, 5.13 - zum Fall Walser Reich-Ranicki. Kritische Entgegnung: KARL-HEINZ BOHRER, Grenzen der Korrektheit, en Frankfurter Allgemeine Zeitung vom 10.6.2002, n.° 131, p. 43.

* Fragmento del dicho, *Quod licet Iovi, non licet bovi* (Lo que es lícito para Júpiter, no es lícito para todos).

29 HABERMAS (N 28), p. 13.

no está condenada para ridiculizar todos los prejuicios, sino para hacer comprensible por qué se debe
convivir con algunos de ellos[30]. El tabú es rehabili-
tado. Como tal, no se considera como escandaloso,
sino como algo inevitable y, bajo ciertos límites, algo
saludable para la vida social, algo que penetra en su
totalidad el espíritu de la ilustración.

Se pueden distinguir dos tipos de tabú ilustrado: el
tabú cultural y el tabú didáctico. El tabú cultural tiene
que ver con las tradiciones, concepciones o normas
que, sin poder fundamentarse racionalmente, son
el rasgo común de la comunidad que las acepta sin
cuestionarlas y que, por una convivencia saludable,
no permite que se le cuestione. Se trata de reservas
de lo irracional, que permiten dejar de lado, así sea
por un tiempo, el anhelo de racionalidad: los objetos
que son sacrosantos, los temas que no deben ser toca-
dos, cuestiones acaloradas[31]. El tabú cultural tiene en
consideración al madero torcido del cual está tallado
el hombre. Aquí no reina el temor ingenuo y mágico
del tabú arcaico, sino la autodecisión consciente de la
razón, su renuncia al dominio total, comparable con
la planeación urbana moderna que, para conservar
la ciudad, a pesar de su funcionalismo, se detiene

---

30 Esta idea se puede encontrar ya en WIELAND. Vgl. JAN PHILIPP
REEMTSMA en su interpretación del diálogo "Über die Vorurtei-
le" (Was Aufklärung sei, en la misma, Der Liebe Maskentanz,
1999, p. 304 [319 y pp., 328]).

31 Concepto de GOTTFRIED BENN, Probleme der Lyrik (1951), en
el mismo, Gesammelte Werke, Bd. 4,1968, p. 1058 (1076).

en las ciudades ante su casco antiguo que ha crecido a lo largo de la historia, con sus venerables monumentos y sus callejones intrincados, más o menos confundibles con los barrios modernos. El urbanista que trata con cuidado las construcciones que hacen parte del patrimonio de la ciudad, no necesita ejercer ninguna piedad histórica, cuando no sacrifica a la construcción de calles los monumentos característicos de la ciudad. Basta con el cálculo político que mantiene despiertos los monumentos del patriotismo local, los cuales encienden el sentido ciudadano. El funcionalismo no está en capacidad de hacer esto. Las figuras de carácter racional instrumental, desde las empresas estatales hasta las comunidades europeas (en su estado actual), no generan ningún sentido de comunidad. "Una unión aduanera no es ninguna patria"[32]. La identidad del Estado y de la nación se determina por el árbol, entre los muchos que hay en el jardín, que debe ser intocable en la comunidad. De esta manera, el carácter de la constitución real de los Estados y de la constitución jurídica depende de aquello que se erige en tabú: una determinada creencia, un *ethos* determinado, los usos tradicionales y los institutos, los símbolos y los lugares históricos. La unidad de la comunidad se preserva en la medida en que, sin cuestionamientos, mantiene su unidad sobre aquellos objetos que quedan por fuera de discusión.

---

32 ERNEST RENAN, Qu'est-ce qu'une nation? (1882), traducción alemana: Was ist eine Nation?, 1985, p. 55.

El tabú libera al Estado y a quienes a él pertenecen de la carga de tener que justificarse racionalmente en todo momento, lo cual, de hecho, tampoco se podría hacer, porque la organización del Estado y de las naciones es históricamente contingente y la conciencia del nosotros se alimenta de fuentes irracionales[33]. La patria está, dice Herder, donde no hay que justificarse.

El tabú cultural no está en contradicción total con la libertad; por el contrario, es preciso que este se preserve por una autodecisión. El destinatario de la prohibición puede violarlo (aunque no sin consecuencias). En la medida en que él lo defienda, sostiene los intereses de la comunidad y favorece la integración. El que esto ocurra es del interés de todos aquellos que convienen en la estabilidad. La prestación se dará de manera espontánea. Aquí radica el carácter peculiar (también la virtual debilidad) del tabú cultural, que incumbe a quienes están deseosos por integrarse.

Al contrario, el tabú *didáctico* presupone obstinación, resistencia abierta o latente. Una élite empoderada educa y apremia el cumplimiento del tabú. El tabú didáctico es observado desde "arriba", el tabú cultural es visto desde abajo. Los defensores del tabú didáctico agitan la férula. Ellos amenazan con

---

33 Acerca de los momentos irracionales de la Nación, Josef Lsensee, Nationalstaat und Verfassungsstaat - wechselseitige Bedingtheit, en Festschrift für Gerd Roellecke, 1997, p. 137 (147 y ss.).

declarar como parias y expulsar a los testarudos y a los rebeldes del círculo de los honestos. El castigo se legitima en una buena causa. ¿Qué es, sin embargo, una buena causa? ¿Quién la define? Quien guarda el tabú está seguro de que su causa es buena. Un autor actual escribe sobre el tema de la ilustración: "El tabú es provechoso ahí donde no puedo inducir a los hombres a un comportamiento decente"[34]. El tabú al que él se refiere es el tabú más estricto que la República Federal Alemana defiende. Su nombre es Auschwitz.

---

34 REEMTSMA (N 30), p. 327.

## V. ¿ESTADO CONSTITUCIONAL SIN TABÚ? DERECHOS FUNDAMENTALES COMO GUARDA DE LA RACIONALIDAD Y LA TRANSPARENCIA

El Estado constitucional, que proyecta la Ley Fundamental, se mantiene en la tradición de la ilustración.
Se plantea la tesis de que el Estado no tiene tabús. A
favor de esta tesis hablan los derechos fundamentales, a través de los cuales, la libertad de cada uno en
relación con el Estado adquiere su validez y eficacia
práctica. La libertad se postula como fin comprensivo
en sí mismo. Las injerencias estatales se encuentran
atadas a estrictas cautelas. Ellas precisan de justificación en conformidad con los mandatos de la racionalidad instrumental. Es por ello que el Estado
constitucional no puede instituir o mantener un tabú
a costa de la libertad de opinión o de la libertad de
culto y de investigación. Quien ejerce los derechos
fundamentales no necesita acomodarse a las convicciones y a los hábitos de pensamiento dominantes
de una sociedad; no tiene que guardarse ningún
tema ni oprimir ninguna razón, solo para cuidar los
prejuicios y los sentimientos de otros, mientras no
lesione sus derechos y respete las condiciones bajo
las cuales ellos –como él mismo– perciben su libertad
como iguales que comparten el mismo derecho. El

investigador puede llegar hasta la última frontera de lo posible, sin que se interponga una barrera jurídica entre los conocimientos subjetivos y la anhelada verdad a la que él se acerca por ensayo y error. La libertad como derecho fundamental desata la crítica, la lucha de opiniones, la competencia científica en la sociedad que "ya no es sagrada". Todo es discutible. La libertad implica falta de respeto, curiosidad, el desenmascaramiento, y con ello, la iluminación y levantamiento del tabú.

La revolución cultural también depuso los tabús de la revolución burguesa, las formalidades en el trato social, el *ethos* basado en obligaciones, la decencia sexual, el respeto a las autoridades y a las instituciones. Ella se metió, incluso, con el tabú del monopolio de la fuerza. Muchas de estas reglas entraron de nuevo en vigor, en la medida en que ellas pudieron reconstruirse como exigencia de la democracia liberal y del Estado de derecho, como ocurre con el monopolio de la fuerza en el Estado, con las obligaciones concretas de lealtad de los funcionarios, o la prohibición de huelga. Con todo, estas exigencias son válidas como parte de un ordenamiento jurídico racional. Los ingredientes del tabú se han desvanecido, sin posibilidad de traerlos de nuevo[35].

---

35 Matthias Kaufmann tiene otra comprensión del tabú. Según él, el sistema jurídico solo puede reconocer tabús fundamentados o fundamentables (Gefahr und Chance durch Grenzüberschreitung Tabus und Tabuverletzungen im Recht, en:

La violación del tabú se ha convertido en un juego social para las personas que buscan publicidad. Esto vale para las escenas políticas de medios y de cultura. Especialmente, "el teatro de director"* vive del intento permanente de liberarse de las expectativas tradicionales, de la fidelidad a la obra literaria, de los dictados del buen gusto, y de fracturar los tabús -mientras estos existan.

La jurisprudencia de derechos fundamentales del Tribunal Constitucional Federal ha contribuido al desmantelamiento de los tabús. De lado van quedando los privilegios de los gremios de los boticarios y los abogados[36], así como la precedencia del hombre en el matrimonio, la familia y en el trabajo[37]. Con la bendición de Karlsruhe*, el matrimonio adquiere su contrapartida homosexual en la sociedad marital, de tal forma que la discriminación prolongada

---

Winfried Brugger/Görg Haverkate [ed.], Grenzen als Thema der Rechts-und Sozialphilosophie, 2002, p. 23 [30 y ss.]).

* N. de t.: En alemán el término *Regietheater* hace referencia a la práctica de dar libertad al director de una obra de apartarse de las intenciones de su creador, así como de modificar, entre otros, el guion o el lugar donde se recrea.

36 Sentencia del Tribunal Constitucional Federal (BVerfGE) 7, 377 (387 y ss,); 76, 196 (205 y ss..); 82, 18 (26 y ss.); 94, 372 (389 y ss.).

37 Sentencia del (BVerfGE) 10, 59 (66 y ss..); 15, 337 (345); 84, 9 (17, 18 y s.); 85, 191 (207).

* N.d.t.: Karlsruhe es la ciudad donde se encuentra el Tribunal Constitucional Federal Alemán.

de quienes no pueden casarse encuentra su fin[38]. El tradicional desprecio a la pornografía y a las drogas[39] cede ante la primacía de la autodeterminación. La libertad de prensa cubre su negocio con anuncios obscenos y contrarios a las buenas costumbres, que abusan de la miseria de los enfermos de sida como alicientes para la propaganda[40]. En nombre de la libertad de opinión se quiebra la protección del honor (no solo del honor militar)[41]; en nombre la libertad religiosa se suprime el crucifijo de las paredes de los salones de clase en las escuelas[42]; en nombre de la libertad del arte se denigran justificadamente los símbolos estatales –que en otros países como Estados Unidos son verdaderos objetos de culto cívico religioso– por ejemplo, a través desfiguraciones primitivas y obscenas de los himnos nacionales[43], o de la disposición de la bandera negra-roja-oro* como

---

38  Sentencia del Tribunal Constitucional Federal (BVerfGE) 104, 51 (60); 105, 313 (342 y ss.).

39  Sentencia del Tribunal Constitucional Federal (BVerfGE) 83, 130 (138 y ss.); 90, 145 (17 y ss.).

40  Sentencia del Tribunal Constitucional Federal (BVerfGE) 102, 347 (360 y ss., 366 y ss.) - Benetton I; Beschluß v. 11.03, 2003, en JZ 2003, 622 y ss. - Benetton 11.

41  Sentencia del Tribunal Constitucional Federal (BVerfGE) 7, 198 (212 y ss.); 93, 266 (28 y ss .).

42  Sentencia del Tribunal Constitucional Federal (BVerfGE) 93, 1 (13 y ss.).

43  Sentencia del Tribunal Constitucional Federal (BVerfGE) 81, 298 (304 y ss).

*   N.d.t.: Se hace referencia a la bandera de la República Federal Alemana.

blanco de los orines[44]. La máxima de interpretación es: anything goes?

La veneración, el buen gusto o la convención no son restricciones aceptables de los derechos fundamentales. En su lugar, se reconocen como restricciones los derechos de otros y las necesidades de funcionamiento de las instituciones estatales. Como tal, una tradición no es suficiente si no se puede fundar a través de la primacía del bien común. La ley moral (*Sittengesetz*), reconocida explícitamente por la Ley Fundamental como límite del libre desarrollo de la personalidad[*], no se acomoda a una comprensión individualista de los límites a los derechos fundamentales y resulta vacía en la práctica jurídica[45]. El Estado de derecho no quiere ser defensor de la moral y de las buenas maneras, sino ser, exclusivamente, defensor del derecho como marco para el ejercicio de la libertad. Por ello, la policía y los agentes del orden se topan con reparos fundamentales cuando quieren cumplir con su tarea de proteger el orden;

---

44 Sentencia del Tribunal Constitucional Federal (BVerfGE) 81, 278 (289 y ss.).

* N. d. t.: Artículo 2, Ley Fundamental de la República Federal Alemana: Artículo 2 [Libertad de acción y de la persona] (1) Toda persona tiene el derecho al libre desarrollo de su personalidad siempre que no viole los derechos de otros ni atente contra el orden constitucional o <u>la ley moral</u>.

45 Acerca del dilema, PHILIP KUNIG, en: Ingo von Münch/Philip Kunig (ed.), Grundgesetz-Kommentar, Bd.1, 52000, Art. 2, Rn. 26 y ss.

esto es, proteger, no los bienes jurídicos (objeto de
la seguridad pública), sino los valores morales ex-
trajurídicos de la convención y el tacto, así como las
expectativas de conducta que el *common sense* exige
para una convivencia exitosa[46]. La justicia penal cede
ante los escrúpulos del Estado de derecho cuando,
en el escenario público, el contenido de la confesión
cristiana es arrastrado a lo obsceno y ensuciado con
toda *la basura* de la coprofilia, aunque con ello se
perturbe la tranquilidad pública (intramundana)
penalmente protegida. En la práctica, la policía y la
fiscalía dejan que la norma penal sobre las ofensas

---

46 Para una crítica general: ERHARD DENNINGER, Polizei in der
freiheitlichen Demokratie, 1968, s. 25 y ss.; la misma, Polizei
und demokratische Politik, en JZ 1970, p. 145 (146 y ss.). Para
una crítica y defensa: HANS HUGO KLEIN, Zur Auslegung des
Rechtsbegriffs der öffentlichen Sicherheit und Ordnung", en
DVBl. 1971, p. 233 (238 y ss.); HANS-UWE ERICHSEN, Der Schutz
der Allgemeinheit und der individuellen Rechte durch die
polizei-und ordnungsrechtliche Handlungsvollmachten der
Exekutive, en VVDStRL 35 (1977), p. 171 (l94 y ss.); GÜNTHER
ERBEL, Der Streit um die "öffentliche Ordnung", en DVBl. 1972,
p. 475 (478 y ss.); REINHARD MUßGNUG, Die öffentliche Ord-
nung- Plädoyer für einen unzeitgemäßen Rechtsbegriff, en
Festschrift für Helmut Quaritsch, 2000, p. 349 (357 y ss.). Ver
también UWE VOLKMANN, Broken Windows, Zero Tolerance
und das deutsche Ordnungsrecht, en NVwZ 1999, p. 225 y
ss. Kasuistik: BILL DREWS/GERHARD WACKE/KLAUS VOGEL/
WOLFGANG MARTENS, Gefahrenabwehr, 1986, p. 248 y ss.;
FRANZ-LUDWIG KNERNEYER, Polizei-und Ordnungsrecht, 2002,
p. 64 y ss.

contra la confesión religiosa (§ 168 StGB) termine en el vacío[47].

El Estado liberal no quiere proteger a los ciudadanos de sí mismos y parte del hecho de que ellos no necesitan de su protección. Conforme con el Tribunal Constitucional, la prescripción de prestar asistencia a personas que, por falta de solidez interna, no llevan una vida ordenada, y de remitirlas a un establecimiento indicado, viola su libertad en su contenido esencial. "El Estado no tiene la tarea de mejorar a sus ciudadanos" y por tanto, tampoco tiene el derecho de sustraer su libertad, simplemente para "mejorarlos", salvo que estos, de quedar libres, pongan en peligro a otros o a sí mismos[48].

La conservación de los tabús por parte del Estado es irreconciliable con los principios de la democracia. El Estado democrático que se legitima con la voluntad del pueblo, repugna con la actitud de lo elevado, de lo secreto, de lo que despierta temor[49]. La constitución

---

47 Acerca de los problemas jurídicos y prácticos: CHRISTIAN HILL-GRUBER, Die Religion und die Grenzen der Kunst, en: Essener Gespräche 36 (2002), p. 53 (74 y ss; EBERHARD SCHOCKENHOFF, Wahrheit und Freiheit der Kunst aus der Sicht der theologischen Ethik, ebd., p. 111 (148 y ss.).

48 Sentencia del Tribunal Constitucional Federal (BVerfGE) 22,180 (220) - zu § 73 Abs. 2 und 3 BSHG a. F. – Hay cierta modificación en el rechazo al derecho a embriagarse: Sentencia del Tribunal Constitucional Federal (BVerfGE) 90, 145 (171 y ss.) - Cannabis. Referencias adicionales en CHRISTIAN HILLGRUBER, Der Schutz des Menschen vor sich selbst, 1992, p. 63 y ss.

49 El etnólogo puede reconocer en la democracia el atributo poli-

garantiza la publicidad y la obligación de justificación
de la acción estatal; la responsabilidad y el control;
el juego de fuerzas entre gobierno y oposición, entre
representantes y opinión pública, entre el servicio
público y la ciudadanía activa. Nietzsche tenía razón
a su manera: La democracia ha arrancado al Estado
el "viejo velo de Isis" y ha ahuyentado "los últimos
encantamientos y supersticiones". Esta no se rodea
ya con el aura del secreto y aspira a la transparencia. Ella rechaza los *arcana imperii* que guardaba la
monarquía[50].

---

nesio de *noa*: la democracia es ordinaria y todos tienen acceso
a ella, aunque ya no lo quiere.

50 Al respecto MICHAEL STOLLEIS, Arcana imperii und Ratio
Status. Bemerkungen zur politischen Theorie des frühen 17.
Jahrhunderts, 1980.

## VI. PROHIBICIONES DE TEMAS NECESARIOS PARA CUMPLIR UNA FUNCIÓN, EL SECRETO RACIONAL INSTRUMENTAL

De aquí no se sigue que ya no existan prohibiciones jurídicas u obligaciones de mantener algo a reserva. Sin embargo, ellas deben superar la prueba de racionalidad del Estado de derecho y mostrar su necesidad para la protección de los intereses de los particulares, como datos personales, el secreto tributario o social, o cuando se revelan como necesarios para el funcionamiento del Estado, como en los deberes de confidencialidad de los militares o servidores públicos[51]. Acá no hay ningún rastro del tabú.

Esto no vale sin más para ciertas prohibiciones de tematización y ciertas obligaciones de apartar la vista y el oído, a las que se someten los participantes en procesos estatales de acuerdo con sus roles. Tales prohibiciones y obligaciones corresponden con las

---

51 Al respecto MATTHIAS JESTAEDT, Zwischen Öffentlichkeit und Vertraulichkeit - Der Staat der offenen Gesellschaft: was darf er verbergen?, en Otto Depenheuer (ed.), Öffentlichkeit und Vertraulichkeit, 2001, p. 67 y ss.; la misma, Das Geheimnis im Staat der Öffentlichkeit. Was darf der Verfassungsstaat verbergen?, en AöR 126 (2001), p. 204 y ss.

ficciones y los límites a la comunicación que Niklas
Luhmann ha descrito: las ficciones que cubren las
debilidades reconocibles del personal estatal y que,
en contra de la experiencia, presentan a cada fun-
cionario público como si fuera igualmente capaci-
tado; los límites de la comunicación que suponen el
comportamiento adecuado a las normas de quienes
tienen cargos públicos, y que los mueve, al menos, a
aparentar que se comportan conforme a las normas.
Las instituciones son, según Luhmann, sensibles a
"cualquier tipo de Kinsey-Report"[52]. Sin embargo,
ellas no hacen de las deficiencias del personal estatal
y de sus actos fallidos un secreto. Al fin y al cabo, hay
un sistema de control y de sanciones internas. Sin
embargo, en el contacto externo con los ciudadanos,
y también en los procedimientos administrativos y
judiciales, estas no tienen relevancia alguna. El procedimiento no está establecido para cuestionar sus
premisas; cumple con su cometido cuando el discurso
oficial se limita a temas relevantes. La función del
proceso constitucional se perturbaría si el juez constitucional, o alguna de las partes en dicho proceso,
esgrimen o ponen por delante argumentos políticos
y partidistas. El intento de destapar un autoengaño
de la jurisdicción constitucional sobre la base de la
generalidad del derecho y de la idea de que en efecto
los jueces están marcados por su orientación políti-

---

52 Niklas Luhmann, Funktionen und Folgen formaler Organi-
sation, 1972, p. 278 y ss.

ca, está solo permitido para el observador externo, como por ejemplo, un periodista o un estudioso. Dicho intento está mal visto para el actor procesal sin importar si es juez o parte. El jefe de gobierno, que ha tomado parte en una apasionada discusión política, y que posteriormente rechaza esta como "teatro estatal"[53], saldría de su rol y decepcionaría las expectativas asociadas con la conducción de su cargo. Las reglas no escritas de este tipo, que se ajustan al juego de roles de la estatalidad, sirven al transcurso fluido de los procesos de toma de decisiones y soportan el crédito en las instituciones estatales, imprescindible en la democracia. La eliminación de momentos irrelevantes e innecesariamente agobiantes respecto del discurso no tiene nada que ver con el tabú. Por el contrario, se trata de una regla de juego de la racionalidad procedimental.

Aquí también se puede contar con el secreto en las deliberaciones a las que se sujetan los jueces colegiados o las comisiones evaluadoras. Cuando uno de estos cuerpos colegiados se recoge tras terminar una audiencia o un examen, para protegerse de las miradas y de los discursos de los participantes cuyos intereses aborda, pero también por la muda

---

53 Discurso brillante del gobernador del Estado Federado de Sarre, que el 24 de marzo de 2002, después de una dramática sesión del Consejo Federal (*Bundesrat*), en relación con este acontecimiento, hizo referencia a una obra de teatro por parte del Estado. (Peter Müller, Das haben wir dann gemacht, en FAZ v. 28.3.2002, n.º 74, p. 11).

influencia que provoca su mera presencia, así como por la presión de la opinión pública, se asegura una condición de sinceridad en el pronunciamiento externo, así como independencia interna. La deliberación se perfecciona exclusivamente en el fuero interno del cuerpo del tribunal. Lo que aquí ocurre no se corresponde, sin embargo, con las pretensiones de objetividad de funcionarios y de racionalidad del Estado de derecho. El secreto en la deliberación también oculta carencia de conocimiento en la materia, argumentos arbitrarios, motivos ilegítimos, inequidad, superficialidad, componendas y demás momentos dudosos, de los que la motivación de la decisión no da cuenta.

Al final solo cuenta que el resultado, mas no el camino, en ocasiones torcido, se acomode a las normas jurídicas. El secreto de deliberación crea el escenario de que todo se conduce debidamente, sin establecer que esto sea así siempre. Por el contrario, busca generar una condición externa que facilite presumir que en efecto esto ocurre. No se trata pues de hipocresía o de un autoengaño. La categoría del tabú aquí tampoco es adecuada.

# VII. ¿CONSTITUCIÓN COMO TABÚ?

Cuando la presión de transparencia y racionalización que ejerce la constitución sobre el ordenamiento jurídico tampoco conoce tabú, queda la pregunta acerca de si la constitución no se rodea a si misma de tabús. Al fin y al cabo, la constitución manifiesta la enérgica voluntad de autoafirmación. En un consciente distanciamiento de la constitución de Weimar, la Ley Fundamental no consagra simplemente la libertad formal, sino que establece un vínculo con valores. Como expresión de este concepto, está la democracia defensiva con la consigna habitual: "Ninguna libertad para los enemigos de la libertad". La consigna, así se advierte, puede atribuirse al jacobino Saint Just[54]. Con todo, el jacobinismo no se traslada al Estado de derecho de la Ley Fundamental. Las armas de la democracia defensiva se moderan con el Estado de derecho. Algunas de ellas, como ocurre con el abuso de los derechos fundamentales, así como con la prohibición de organizaciones y partidos, se muestran inmanejables en la práctica. El empleo

---

54 HELMUT STEINBERGER, Konzeption und Grenzen freiheitlicher Demokratie, 1974, p. 10.

o el efecto preventivo de estos instrumentos poco o nada ha contribuido a la estabilidad que la Ley Fundamental ha adquirido.

La precaución más significativa para la autoafirmación de la constitución es la disposición del artículo 79 inciso 3 de la Ley Fundamental, que prohíbe al legislador reformador tocar los principios que configuran la identidad de la constitución. (Art. 79 Abs.3 GG). ¿Entonces, sí hay un tabú? La cláusula de inviolabilidad es un constructo jurídico racional: una norma que se define por su hipótesis fáctica y su consecuencia jurídica. Sin embargo, en la práctica, ella no parece ser especialmente eficaz. No obstante, sirve a veces de medida para el control normativo; con todo, en el ámbito federal, no se ha anulado, por cuenta de ella, ningún acto legislativo reformatorio de la constitución[55]. Ella no ha logrado contener ninguna tendencia político-constitucional, especialmente la consunción interna del federalismo. En general, ella contempla el acto formal de la revisión de la constitución, mas no la transformación a través del cambio de la interpretación y de las convicciones jurídicas. En esta transformación ha entrado la misma cláusula de inviolabilidad. Su contenido está sometido a la

---

[55] Los impulsos plebiscitarios han fracasado contra las garantías de intangibilidad de las constituciones de los estados federados de Baviera y Turingia. Cf. Sentencia del Tribunal Constitucional de Baviera (BayVerfGHE 53,42 (60 y ss.); Tribunal Constitucional de Turingia (ThürVerfGH), Decisión del 19.9. 2001, en LKV 2002, 5, 83 y ss.

interpretación que, sin embargo, está sujeta a cambios. La interpretación, por su parte, no está sujeta a ninguna limitación jurídica, incluso cuando se somete a las reglas del arte en el derecho o al *ethos* del juez. Para los intérpretes resulta muy trabajoso concretar los principios altamente abstractos, de tal manera que puedan aplicarse en un conflicto determinado, con la pertinencia necesaria, sin que degeneren en fórmula vacía[56]. El efecto real que la prohibición de violación del artículo 79 inc. 3 de la Ley Fundamental produce, consiste en que ninguna fuerza política y ningún intérprete científico irán explícitamente en contravía de la garantía de dignidad humana, sino que intentarán, en caso de que pretendan un cambio fundamental, reinterpretar los conceptos e intercambiar el sentido de las palabras. En contra de la subversión de la comprensión constitucional no se ha desarrollado ninguna receta constitucional fundamental.

El aumento de la estabilidad no surge, sin más, del hecho de que la constitución sea interpretada como un orden de valores. Los valores son difíciles

---

56 Un ejemplo puede observarse en el despliegue de los principios democráticos y del Estado de derecho de la constitución de Turingia, a través del tribunal constitucional de Weimar, así como el empleo de dichos principios a través de una iniciativa popular de 2001; se trata de la decisión más comprensiva, más exacta más sutil metódica de un tribunal alemán. (Tribunal constitucional de Turingia (ThürVerfGH,) decisión del 19.9.2001, en LKV 2002, p. 83 [85 y ss..]).

de comprender como normas y mucho más difíciles de preservar en su identidad. Una revaloración de los valores es difícil de contener a través de instrumentos jurídicos. Al fin y al cabo, la constitución ha ganado un nimbo metajurídico. Este es un paso en el camino de su *tabuización*. Lo que el Estado no puede lograr con los medios del derecho, lo presta la sociedad manteniendo intocable la constitución en tanto sea posible. Los alemanes, que perdieron los fundamentos que en otras naciones más afortunadas sostienen la comunidad (la religión, la cultura, la conciencia histórica, o el estilo de vida) por lo menos están de acuerdo en torno a una constitución con sus elementos esenciales, como los derechos fundamentales, la división de poderes o la democracia que los une con el mundo, con la esfera de Estados de Europa y del Atlántico. Sobre su significado en el derecho constitucional y sus elementos esenciales, invocan la ley fundamental como la tabla de convicciones básicas en la que coinciden por encima de cualquier contradicción política, religiosa o social. Cuando ellas demandan la libertad de cuestionarlo todo, la constitución debe quedar por fuera de dudas. Ella no es objeto de la lucha legítima, sino base de su legitimidad.

La constitución funge como medio de integración[57]. Los esfuerzos están encaminados a ensal-

---

57  De forma general RUDOLF SMEND, Verfassung und Verfassungsrecht (1928), en la misma, Staatsrechtliche Abhandlungen,

zarla de un modo religioso y a contemplarla como una especie de biblia mundana[58]. En esta dirección se mueve también la vieja doctrina democrática de que la constitución nace del poder constituyente del pueblo, un mito que encubre con un incienso democrático los reales, no deshonrosos, aunque prosaicos orígenes de la constitución. La ideología del patriotismo constitucional genera un efecto similar permitiendo a sus propagadores redirigir los sentimientos patrióticos vinculados al pueblo y a la tierra, hacia las ideas que ellos creen ver detrás de la constitución[59]. Más aún, la constitución debe ocupar, en la conciencia política, la posición del Estado y de la Nación, que reprima las consecuencias de los traumas de Hitler. Una norma, o más exactamente,

---

1968, p. 119 (233 y ss.). Una visión actual: OTTO DEPENHEUER, Integration durch Verfassung? - zum Identitätskonzept des Verfassungspatriotismus, en DÖV 1995, s.854 y ss.; STEFAN KORIOTH, Europäische und nationale Identität. Integration durch Verfassungsrecht?, en VVDStRL 62 (2003), p. 117 (121 y ss.); ARMIN VON BOGDANDY, ebd., p. 156 y ss.

58 Al respecto, con referencias, JOSEF ISENSEE, Vom Stil der Verfassung, 1999, 5.36, 57 y ss., 64 y ss.

59 En este sentido, por ejemplo, JÜRGEN HABERMAS, Faktizität und Geltung, 1994, p. 642 y s.; BRUN-OTTO BRYDE, Die bundesrepublikanische Volksdemokratie als Irrweg der Demokratietheorie, en: Staatswissenschaften und Staatspraxis, 1994, p. 305 y ss. Crítica: Depenheuer (N 57), p. 854 y ss. - Ursprüngliches Wortverständnis Dolf Sternberger, Verfassungspatriotismus, Schriften Bd. 10 (Ed. Peter Haungs et al.), 1990.

una imagen de tal, debe reemplazar la realidad: la constitución como patria[60].

Algunos vestigios de un tabú de esta esta segunda clase de tipo ilustrado son visibles. Con todo, la Ley Fundamental se rodea a sí misma con la franja de la muerte[*]. Un oscuro e indeterminado peligro que cuestiona la constitución como tal no se puede reconocer. Por lo demás, las tendencias tabuizantes no tienen que ver con todos los principios constitucionales, sino con aquellos que la Ley Fundamental declara como intocables en el art. 79 inc. 3, para los cuales hoy no existe alternativa política discutible, como lo son los derechos fundamentales y la democracia, aunque no el principio federativo.

---

60 De manera más concreta JOSEF ISENSEE, Die Verfassung als Vaterland, en Armin Mohler (ed.), Wirklichkeit als Tabu, 1986, p. 11 y ss.

* N.d.t.: Hace referencia a la franja de fronteras que dividía las dos Alemanias.

# VIII. TABUIZACIÓN POLÍTICA DE LAS NORMAS CONSTITUCIONALES

## 1. AUTONOMÍA TARIFARIA

Si un polinesio estudioso de la etnología describiera la vida de los aborígenes en Alemania como lo hacen los etnógrafos occidentales con sus coterráneos, explicaría las negociaciones colectivas y los conflictos laborales como rituales extraños e irracionales, y la autonomía tarifaria como un tabú alemán que ningún órgano estatal se atreve a remover. Sin estar garantizada por la constitución, la autonomía tarifaria es reconocida a través de interpretación como parte constitutiva del derecho fundamental a coaligarse; interpretación que no se entiende por sí misma y que sin embargo nadie cuestiona. Ella es la vaca sagrada de la envejecida sociedad industrial. Ningún legislador la toca, incluso cuando, desde diferentes puntos de vista, lo que en principio era una buena obra, desde tiempo se ha convertido en una carga que conduce el mercado al inerte entumecimiento. El parlamento, como sea que esté conformado, nunca ha intentado regular los conflictos laborales, aunque la reserva de ley respecto de ataques en derechos fundamentales así lo exija; por el contrario, este deja el derecho a la libre determinación por parte del juez, en contra del principio democrático de la separación de poderes. La razón es que el legislador, en la democracia, se atemoriza de cuestionar el poder de los sindicatos que aún son capaces de inquietar la paz social. Su mecanismo principal –que no está en el discurso público y sin embargo no está por fuera de la mesa– sería la huelga política general.

## 2. Estado social

Ningún otro elemento de la Ley fundamental atrae tantas esperanzas y emoción como el concepto de lo social, que es expuesto como atributo del estado federal y de derecho en el texto constitucional y como finalidad del Estado. La finalidad no dispone de un instrumentario constitucional para el Estado social. El Estado social como finalidad solo puede alcanzarse por los medios del Estado de derecho. Tan modesta como es su imagen en el texto constitucional de la Ley fundamental, tan dominante es su significado en la constitución política, que está en el sentimiento de los alemanes. El Estado social ocupa aquí el puesto que anteriormente correspondía al Estado nacional. En su núcleo, este evidencia su resistencia contra la europeización y la internacionalización que acarrea una equiparación bajo estándares menos exigentes y trae como resultado su rechazo y su desmonte. El Estado social, sin embargo, según la concepción dominante, solo puede consolidarse, en todo caso, solo reformarse; Él solo se mueve en una dirección, la progresiva.

El concepto de lo "social" es difuso. Los juristas y economistas tienen dificultades al dar cuenta sobre qué es lo que este concepto en realidad contiene[61]. Su poca claridad aumenta el atractivo político. A lo "social" se afilian valores de progreso y de seguridad, de igualdad y de justicia. El predicado "social" produce efectos tabuizantes. Los derechos adquiridos que tienen este sello de calidad no deben temer aquí a la envidia social, por lo demás siempre presente. Estos derechos se consideran legítimos y no necesitan de justificación adicional. Los presupuestos económicos y morales de las prestaciones sociales están fuera del horizonte social.

El tabú social irradia de la interpretación constitucional que pretende justificar una prohibición de regresión como garantía institucional del *statu quo* jurídico prestacional y que busca fijar expectativas de seguridad social con la ayuda de la garantía de propiedad[62]. No obstante, las posibilidades del derecho constitucional quedan bastante rezagadas respecto de las expectativas políticas.

---

61 Al respecto HANS F. ZACHER, Was können wir über das Sozialstaatsprinzip wissen?, en Festschrift fur Hans Peter Ipsen, 1977, p. 207 y ss.; la misma, Das soziale Staatsziel, en HStR Bd.1, 1995, § 25 Rn. 19 y ss.

62 Al respecto con referencias, OTTO DEPENHEUER, Wie sicher ist verfassungsrechtlich die Rente?, en AöR 120 ( 1995) p.417 y ss.; la misma, en Hermann von Mangoldt Friedrich Klein Christian Starck, Das Bonner Grundgesetz, 1999, Art. 14 Rn. 178 y ss.; FRIEDHELM HASE, Versicherungsprinzip und sozialer Ausgleich, 2000, p. 210 y ss., 217 y ss., 316 y ss., 330 y ss.

## 3. Prohibición de aprovecharse de un cargo para el propio beneficio

Los que tienen poder político en Alemania, prácticamente pueden permitirse todo hoy en día, tanto en lo público como en lo privado, mientras respeten un único mandato sobre el que de cierto modo se han concentrado y también agudizado todas las obligaciones tradicionales de los funcionarios: no obtener de su poder político ventajas económicas para sí mismos o para su partido. Este mandato está contemplado, en parte, con las disposiciones del derecho penal, el derecho disciplinario, así como del derecho de los partidos políticos. Sin embargo, este va más allá y contempla comportamientos que de suyo no son jurídicamente comprometedores. El político está bien aconsejado si hace lo posible por evitar cualquier apariencia de que viola la norma. La sola sospecha lo puede arruinar políticamente y costarle su cargo, sin haber podido defenderse de modo eficaz con los medios del derecho. El derecho canónico, desde tiempo atrás, obliga a los funcionarios eclesiásticos con la regla general *"ut scandalum evitetur"*: evitar la sola mala apariencia que pueda suscitar escándalo o generar duda sobre la integridad de la iglesia como institución[63]. Esta máxima

---

[63]  En el Codex Iuris Canonici de 1983 se manifiesta la regla al interior, así como al exterior del derecho de los funcionarios, en Can. 326 §1, 695 §1, 696 §1, 703, 933, 990,1132, 1184 §1 u. 3,1211,

no es válida para la democracia en el Estado de derecho, que se remite a la confianza de los ciudadanos en la administración, por parte de los órganos estatales.

El escándalo es la real sanción a la violación de una norma[64]; el actor real o presunto es objeto del desarme público en la picota de los medios. La reputación política y moral puede sufrir aquí más de lo que nunca ha sufrido por un proceso penal. Este ha sido moderado por el Estado de derecho; el escándalo, en cambio, no conoce medida jurídica. Él vive del ímpetu de la lucha política y de la competencia entre sus agentes.

El poderoso que se ha mostrado débil es sacrificado a la jauría. La intensidad del castigo político no depende de la violación de la regla, sino de la altura del cargo que ostenta la persona objeto de escándalo (y con ello, de la altura de la caída), del grado de exaltación de las necesidades de publicidad de los investigadores y de la total y poco confiable solidaridad de quienes se hacen llamar amigos en el partido. La judicatura no puede ofrecer ninguna protección para la descarga del volcán político. Ella llega demasiado tarde. En todo caso, puede corregir

---

1318, 1328 §2 p. 2, 1339 §2, 1341, 1344, 1347 5§ 2, 1352 §2, 1367 §3, 1364 § 1,1394 §1, 1395 § 1, 1399,1455 § 3,1722, 1727 §2.

64 Para un análisis del escándalo y un ejemplo: Hans Matthias Kepplinger, Die Kunst der Skandalierung und die Illusion der Wahrheit, 2001.

algunas consecuencias, siempre y cuando no se deje arrastrar por el remolino de lo político.

Este residuo irracional que se presta a la prohibición de sacar provecho propio, hace de esta prohibición un tabú. Esta no debe confundirse con las normas jurídicas con las que en parte converge. Tiene su propio fundamento político moral, su contenido borroso, su sanción difusa que puede recaer de modo horroroso. Esto lo sabe cualquiera que tenga que ver con ello. Sin embargo, la experiencia muestra que la tentación de romper este tabú no se detiene. En últimas, este sirve al Estado de derecho, aún cuando su efecto se burle de las reglas del Estado de derecho. Sería fácil para quienes tienen el poder político evitar este peligro. Así lo señala un refrán formulado por Friedrich Hebbel:

"Es fácil impedir que surja un pantano, sin embargo, una vez que este nace, ningún Dios podrá impedir las serpientes y los tritones en él"[65].

## 4. LA PROHIBICIÓN DE TORTURA

Hoy en día la tortura está proscrita. Tanto el derecho internacional como el derecho constitucional la prohíben. El proceso penal y el derecho de policía

---

65 FRIEDRICH HEBBEL, Erfahrungssatz, en la misma, Ausgewählte Werke, Richard Specht (ed.), Stuttgart und Berlin o. J., 1. Bd., p. 186.

la excluyen. A esta prohibición corresponde un tabú social que se sustrae a cualquier discusión[66]. La tortura despierta la repugnancia moral. La sola palabra estigmatiza. Los organismos de ejecución del Estado no pueden siquiera suscitar la sospecha de que emplean este mecanismo- un importante caso práctico en el que se aplica la máxima *"ut scandalum evitetur"*. El empleo de la tortura, donde quiera que se observe en el mundo, es considerado como recaída en la barbarie más oscura. En efecto, la tortura en el proceso penal es un atavismo: inhumana como ataque en la integridad corporal, dudosa como medio para forzar una confesión inducida, ahora superficial desde el punto de vista del principio de la libre valoración de las pruebas[67]. No obstante, su introducción había sido en las tempranas etapas de desarrollo del proceso penal "un hecho de avance racional", que ocupó el puesto del "antiguo e ingenuo proceso legal" del juicio de Dios en el proceso inquisitivo, el cual "dejó de confiar en la injerencia divina a favor de la verdad, y que apuntó a conseguir la verdad de los acusados": Ningún juicio sin confesión – Naphta, que en el libro "La montaña mágica" hace referencia

---

66 Calificación de la tortura como tabú: KAUFMANN (N 35), p. 24 y s., 35 y s.; GÜNTER JEROUSCHEK/RALF KÖLBEL, Folter von Staats wegen?, en JZ 2003, p. 613 (618 y s., 620).

67 Al respecto MATHIAS SCHMOECKEL, Humanität und Staatsraison. Die Abschaffung der Folter in Europa und die Entwicklung des gemeinen Strafprozeß-und Beweisrechts seit dem hohen Mittelalter, 2000.

a ese origen, se topa con el incrédulo asombro de
sus interlocutores, los Settenbrini, creyentes en la
ilustración, ignorantes de la historia[68].

Al tabú corresponde la interpretación de la prohibición de tortura que en la Ley Fundamental se
formula como prohibición de maltrato corporal o
psicológico[69]. Según la doctrina dominante, la prohibición de tortura es absoluta[70]. A diferencia del
derecho fundamental a la integridad corporal, que en
parte contempla esta prohibición, la tortura no está
sujeta a reserva de ley. A diferencia de los derechos
fundamentales que no tienen reserva de ley, la prohibición no está sujeta a los límites constitucionales
inmanentes, es resistente frente a la ponderación y no
está sometida a la concordancia práctica. Con ello se
configura una anomalía frente a los demás mandatos

---

68  THOMAS MANN, Der Zauberberg, Sechstes Kapitel, Operationes
spirituales (1924), Ausgabe 1963, S. 419 y s. – Respecto de la
historia con referencias, MATHIAS SCHMOECKEL, Glaube und
Glaubwürdigkeit vor Gericht, en: Gedächtnisschrift fur Karl
von Amira, 1999, p. 291 y ss.; la misma, Die Tradition der Folter
vom Ausgang der Antike bis zum Beginn des Ius Commune,
en Festschrift für Gerd Kleinheyer, 2001, p. 437 y ss.

69  Cf. CHRISTOPH DEGENHART, en Michael Sachs (Wd.), Grund-
gesetz, 2003, Art. 104 Rn. 2,45. Acerca de la prohibición penal,
en DIMITRIS SPIRAKOS, Folter als Problem des Strafrechts, 1990.
Sobre la aporía de una prohibición absoluta, Sentencia del
Tribunal Constitucional Federal (BVerfGE) 80, 367 (373 y ss.) –
Sobre la utilización como prueba del diario en el proceso penal.

70  Así, ADALBERT PODLECH, en Alternativkommentar zum Grundgesetz, 1989, Art. 1 I Rn. 73. En relación con el carácter de tabú,
el resultado es confirmado por Kaufmann (N 35), p. 35 y ss.

y prohibiciones de la constitución que, con excepción de la inviolabilidad de la dignidad humana, pueden ser relativizados con otras normas que, en todo caso, son normas constitucionales.

Según la opinión dominante, la prohibición tampoco se puede derogar incluso cuando la tortura es el único fin para salvar la vida de un ser humano, por ejemplo, la de un rehén o un niño secuestrado, o para proteger a la población de una bomba oculta[71]. No solo se tabuiza este medio horroroso, sino el mero pensamiento en la horrible situación, en la que únicamente el horrible medio puede traer la salvación. Si se libera la posición constitucional del tabú social que ella comporta, solo quedará una afirmación apodíctica, que a su vez no se compadece con

---

71 Con su posición de que en el caso límite más extremo, siguiendo ciertas cautelas, se puede exceptuar la prohibición absoluta de tortura del art. 3 de la Convención Europea de Derechos Humanos, el gobernador de Sajonia Ernst Albrecht desató la indignación política de los moralistas en el Estado federado. (Der Staat. Idee und Wirklichkeit, 1976, p. 174). – En la literatura imploran por la salvación de la víctima WINFIED BRUGGER, Vom unbedingten Verbot der Folter zum bedingten Recht auf Folter?, en JZ 2000, p. 165 y ss.; CHRISTIAN STARCK, en Hermann von Mangoldt Friedrich Klein / Christian Starck, Das Bonner Grundgesetz, I. Bd., 1999, Art. I Abs. 1 Rn. 71. Indeciso, THEODOR MAUNZ / REINHOLD ZIPPELIUS, Deutsches Staatsrecht, 1998, p. 173. – Para un tímido análisis sociológico del dilema jurídico de la prohibición de tortura en el caso extremo, NIKLAS LUHMANN, que pretende una cierta reorganización semántica (¿Gibt es in unserer Gesellschaft noch unverzichtbare Normen?, 1993, S. 1 y ss., 27).

las reglas actuales de interpretación de los derechos fundamentales. Ella ignora el conflicto, inmanente a la constitución, entre la prohibición de tortura como derecho fundamental de defensa del victimario y la obligación de protección estatal a favor de la víctima. El mandato del derecho fundamental de respetar incluso la dignidad del transgresor de la ley es inamovible. Sin embargo, el Estado tampoco debe renunciar a su obligación de proteger la dignidad de la persona amenazada. La impotencia impuesta jurídicamente al Estado estaría en contradicción con el estado de necesidad de los privados, que les permitiría la tortura en una situación análoga[72]. Ella contradice también la posición del Estado a favor del derecho a la vida en una situación límite, en la que la vida del violador de la ley (por ejemplo, en el secuestro extorsivo) va contra la vida de la víctima (el rehén), y el Estado no puede determinar *si* mata o no, sino que solamente puede escoger a quién mata, bien al autor a través del ataque, o a la víctima,

---

[72] El derecho a la legítima defensa no puede invocarse en el caso de una relación de desproporción entre los bienes jurídicos protegidos. Al respecto, Theodor Lenckner/Walter Perron, en Adolf Schenkel Horst Schröder, Strafgesetzbuch, 2001, § 32 Rn. 43 y ss.; GÜNTER SPENDEL, en Burkhard Jähnkel Heinrich Wilhelm Laufhütte/Walter Odersky (ed.), Leipziger Kommentar, 1992, § 32 Rn. 254 y ss. Como justificación, se considera también para los particulares el estado de necesidad cuyos alcances han sido analizados por MICHAEL PAWLIK, Der rechtfertigende Notstand, 2002, p. 236 y ss.; Jerousche/Köklbel (N 66), p. 619 y s.

en virtud de una omisión contraria a su obligación. Cualquiera que sea su decisión, él responde por las consecuencias: por la muerte del autor cuyo derecho a la vida se debe respetar, o por la muerte de la víctima cuya vida debe tutelarse en ejercicio de una función de protección. Sin embargo, el Estado de derecho no puede permanecer neutral y tiene que intervenir a favor de la víctima a través del disparo final de salvamento[73]. Cuando, en un caso de conflicto, el derecho a la vida de una persona es relativizado a través del derecho de la vida de otra persona – el derecho a la integridad, tratado en la prohibición de tortura, ¿puede absolutizarse unilateralmente en un conflicto análogo?

La barrera jurídica de la argumentación está ya en la palabra "tortura". Cuando el Tribunal Constitucional tuvo que juzgar acerca de la medida de aislamiento que es etiquetada como "tortura de aislamiento", no se dejó acobardar por el uso manipulativo de palabras[74] y examinó, con timidez jurídica, si se presentaba cierto maltrato psicológico en el sentido

---

73 Cf. PAUL KIRCHHOF, Die Zulässigkeit des Einsatzes staatlicher Gewalt in Ausnahmesituationen, en Deutsche Sektion der Internationalen Juristen-Kommission, Vorträge auf der Europäischen Juristen-Konferenz vom 26. bis 28. September 1975, p. 86 (114).

74 Al respecto, de manera general, PAUL KIRCHHOF, Rechtsänderung durch geplanten Sprachgebrauch?, en Gedächtnisschrift für Friedrich Klein, 1977, p. 227 y ss.

del Art. 104 inc. 1 de la Ley Fundamental[75]. El asunto
se pudo tratar de manera más objetiva cuando, en la
discusión sobre el típico caso del derecho policivo,
de acuerdo con la terminología que le es propia, se
abordó la cuestión del constreñimiento inmediato
para conseguir una declaración. Precisamente, se
trata aquí de un medio de la ejecución administra-
tiva con fines de evitar un peligro mas no de una
confesión con fines de persecución penal (respecto
del cual no se cuestiona la prohibición absoluta de
torturar). Cuando se trata de evitar peligros, el per-
turbador no puede invocar su derecho a guardar
silencio. Cuando la persona que se encuentra bajo
custodia policial ha activado la espoleta de tiempo
de una bomba, desatando el peligro de muerte, tiene
la obligación jurídica de hablar[76]. No obstante, aún
no se responde a la pregunta acerca de si la policía,
*contra legem*, invocando su obligación de proteger los
derechos fundamentales, puede recurrir a la coacción.
Con todo, la parálisis de la racionalidad jurídica se ha
levantado y puede comenzar la discusión jurídica. El
resultado está abierto. Al fin y al cabo, el tabú, hasta

---

75 Sentencia del Tribunal Constitucional Federal (BVerfGE) 49,
   24 (64) – Kontaktsperre.
76 Sobre la obligación de información que tiene el pertubador
   Jerouschek /Kölbel (N 66), p. 615 y s. Este debe diferenciarse
   de la prohibición de empleo de la fuerza en el derecho de
   policía. Von dieser zu unterscheiden ist das polizeirechtlich:
   "Unmittelbarer Zwang zur Abgabe einer Erklärung ist aus-
   geschlossen" (§ 55 Abs. 2 PolGNRW).

ahora irracional, puede reconstruirse racionalmente, esto es, asumiendo el peligro de la impotencia del Estado en una situación límite, toda vez que los peligros de abuso pesan más que el temor general al abuso y que la perturbación de la confianza básica estatal. En todo caso, sería espantoso el precio de esta asunción, si este alguna vez tuviera que pagarse.

Sería indigno para el Estado de derecho considerar la acción de salvamento como moralmente legítima y, al mismo tiempo, reprocharla como inconstitucional y conservar la conciencia tranquila respecto de la prohibición absoluta del tabú, con la esperanza de que en un caso serio alguien decida burlarla. Los defensores de este tipo de no-decisión certifican la tragedia del salvador ilegal[77]. Con todo, se trataría de una tragedia orquestada por los intérpretes jurídicos, que tendría como objetivo, tal y como siempre ocurre, mantener la posibilidad de lavarse sus manos en la inocencia.

## 5. OBLIGACIÓN ESTATAL DE SER PACÍFICO

La Ley Fundamental permite reconocer en diferentes contextos, en el preámbulo, en los derechos fundamentales y en las disposiciones sobre la organización, las decisiones fundamentales a favor de soluciones pacíficas de conflictos, en contra de aquellas a favor de la violencia. Esto se puede observar con toda

---

77 Así, KAUFMANN (N 35). p. 36.

claridad en la prohibición de la guerra de agresión
(Art. 26, Ley Fundamental)[78]. El mandato de paz de
la constitución se corresponde con un tabú social: la
proscripción de la guerra. Ella está llevada por una
corriente pacifista que va más allá del mandato constitucional, en la medida en que aborrece cualquier
tipo de violencia militar o la milicia. La Ley Fundamental parte de la legitimidad de la defensa según
criterios del derecho internacional, y los reconoce
como tareas estatales. Esta permite que Alemania
pueda, en aras de mantener la paz, ingresar a un
sistema de seguridad colectivo y recíproco; trata
también al ejército como parte esencial constitutiva
de la organización estatal, y reconoce su legitimidad
constitucional en la obligación de prestar servicio
militar.

No obstante, prevalece un profundo disenso sobre el mandato de defensa de la Ley Fundamental.
No solamente la política de defensa, sino también la
constitución de defensa (*Wehrverfassung*) se topa con
la oposición fundamental pacifista. La fobia a lo militar repercute en la interpretación de la constitución.
Durante dos décadas, el gobierno federal rechazó el
envío de tropas fuera del ámbito de protección de

---

78 De forma más concreta, CHRISTIAN STARCK, Frieden als Staats-
ziel, en Festschrift für Karl Carstens, 1984, p. 867 y ss.; KARL
DOEHRING, Das Friedensgebot des Grundgesetzes, en HStR
Bd.VII, 1992, §178 Rn.1 y ss. PAUL KIRCHHOF, Der Verteidi-
gungsauftrag der deutschen Streitkräfte, en Festschrift für
Rudolf Bernhardt, 1995, p. 797 y ss.

la OTAN ("*out of area*") con la desacertada invocación
del artículo 87ª inc. 2 de la Ley Fundamental, que
condiciona el envío de tropas en el *ámbito interno*
a un mandato constitucional explícito, y a cambio
transmitió las misiones externas a la policía que
solamente está encargada de la seguridad interna.
Para poder evitar una supuesta violación a la constitución, el gobierno federal cometió una verdadera
violación de la constitución[79].

La República Federal, tras mantener este juego de
escondidas mientras que estuvo bajo protectorado
de las potencias vencedoras, tuvo que confrontar la
verdad constitucional, en la medida en que después
de la reunificación adquirió plena responsabilidad
frente a la comunidad de Estados. Se puede observar
cierta ironía en el hecho de que el primer envío de
tropas a Kosovo en 1999 haya tenido lugar bajo un
gobierno verde-rojo[*], reclutado del campo pacifista,
que identificó como guerra en defensa de los derechos humanos, y como una intervención humani-
taria aquello que era una guerra de agresión según
los criterios duros del clásico derecho internacional
(que, sin embargo, están actualmente reblandeci-
dos por la garantía de derecho internacional de los

---

79 Al respecto JOSEF ISENSEE, Bundeswehr als internationale Kri-
   senfeuerwehr und Friedenstruppe, en Dieter Wellershoff (ed.),
   Frieden ohne Macht?, 1991, p. 21y ss.
*  Nota del traductor. Se hace referencia al gobierno de coalición
   entre los Verdes y el Partido Socialdemócrata (SPD) identificado
   con el color rojo.

derechos humanos)[80]. No tuvo lugar una discusión constitucional seria.

---

80 Sobre la constitucionalidad de las misiones militares en el exterior, Sentencia del Tribunal Constitucional Federal BVerfGE 90, 286 (344 y ss.). Bastante instructiva es la documentación de actos procesales: Klaus Dau/Gotthart Wöhrmann (ed.), Der Auslandseinsatz vor dem Bundesverfassungsgericht, 1996. Cf. también Kirchhof (N 78), p. 813 y ss..; Martin Limpert, Auslandseinsatz der Bundeswehr, 2003, p. 20 y ss. (especial sobre la guerra de Kosovo p. 66 y ss.).

# IX. TABÚS DE LA SOCIEDAD

## 1. AMBIVALENCIA DE LA LIBERTAD DE OPINIÓN

El derecho fundamental de libertad de opinión, que impide al Estado imponer prohibiciones de pensar o expresar, ofrece la base para que estas prohibiciones se interpongan en el camino de la autorregulación social. Todo conjunto de relaciones tiene sus propias reglas –generalmente no escritas, ni expresadas– sobre las que no se puede decir ni hacer nada. En cada familia los niños aprenden sobre lo que hace o no hace parte de la conversación en la mesa. El derecho fundamental de libertad no solo contempla que se pueda hablar acerca de todo, cuándo y cómo se quiera, sino también, la posibilidad de llegar a un acuerdo acerca de las cosas sobre las que no se puede hablar, acerca de los valores que no pueden ser cuestionados o las expresiones que se deben usar o evitar.

De cara al espíritu de la época, que declara el diálogo omnipresente como obligación ciudadana, es conveniente recordar que en la misma medida pertenece a la libertad, el conducir, el rehusar o suspender el diálogo, así como el generar acuerdos espontáneos que no precisan de diálogo y que, por el contrario, se desgastan con este. Los tabús que tienen autonomía

respecto de los derechos fundamentales, surgen allí
donde deben garantizarse las convicciones o la persecución de intereses comunes, donde las públicas
apariencias deben ser protegidas, donde los puntos
débiles o los traumas sociales deben cuidarse ("En
casa del ahorcado no se puede hablar de la soga").
Toda sociedad tiene zonas que rodea con vergüenza[81]. Las razones pueden radicar en el sentido de
la tradición, en las consideraciones de utilidad, en la
piedad o en las máximas de la vida. Los tabús se
encuentran en las relaciones personales como en
las grandes organizaciones. Estos se hallan tanto
en las comunidades religiosas como en los partidos
políticos, tanto en las agrupaciones individuales
como en toda la sociedad. Los derechos fundamentales de comunicación ofrecen protección básica no
solo al derecho a la libre opinión, sino también a la
libertad de reunión y asociación, a la libertad de
ejercicio de la religión o a la actividad de coalición.

Los derechos fundamentales protegen el espacio
social libre donde los tabús prosperan contra las injerencias del Estado. Ellos no protegen al portador
del derecho fundamental contra la fuerza del tabú.
Instintivamente, cada uno puede percibir lo que su
entorno espera de él, lo que puede o no puede per-

---

81 Para Cicerón hay acciones que realizadas de forma discreta
son honorables, sin embargo, es obsceno hablar sobre ellas:
quodque facere non turpe est, modo occulte, id dicere obscenum est. ... liberis dare operam re honestum est, nomine
obscenum« (De officiis I, 128).

mitirse. Para ello, tiene un órgano de percepción más o menos sensible, su "piel social"[82]. El que viola las reglas dominantes de su entorno se arriesga al aislamiento. El que tiene miedo al aislamiento opta por adaptarse. El fenómeno era ya conocido para John Locke: "Pero no hay nadie que pueda eludir el castigo de la censura y del desagrado que inevitablemente se le impone a quien ofende las modas y opiniones de las personas de su sociedad y con quienes desea hacerse recomendable. Ni hay uno, entre diez mil, que sea lo suficientemente duro e insensible para poder soportar el desagrado permanente y la condenación social de su propio grupo"[83*]. Elisabeth Noelle-Neumann invoca a Locke, cuando desarrolla la teoría del espiral del silencio, que deriva el poder de la opinión pública, del miedo del individuo al aislamiento[84].

Quien quiera permanecer en una comunidad de comunicación debe respetar sus reglas. El derecho en su tosca generalidad no puede comprender estas sanciones y reglas, a menudo sublimes. Se muestra impotente frente al fenómeno del acoso en el mundo

---

82 ELISABETH NOELLE-NEUMANN, Die Schweigespirale, 1980, S. 89 y s., passim.

83 JOHN LOCKE, An Essay Concerning Human Understanding (1690), 2. Libro, capítulo 28, parágrafo 12.

\* N.d.t.: Se utilizó la traducción de Edmundo O'Gorman en JOHN LOCKE, Ensayo sobre el entendimiento humano, Fondo de Cultura Económica México, 2005, p. 340.

84 NOELLE-NEUMANN (N 82), p. 59 y ss., 96 y ss.

laboral[85]. Esto puede verificarse en la comunicación. La libertad de opinión deja abierta la comunicación para todos. Esta no garantiza a ninguna persona que los otros, jurídicamente libres, se comuniquen con ella y no la ignoren. En el ordenamiento jurídico de la libertad, nadie puede asegurarse contra la marginación. El autor clásico del Estado constitucional, John Locke, cuenta dentro de los derechos humanos la libertad de juzgar favorable o desfavorablemente al prójimo. En términos del derecho constitucional, la ley de los particulares fluye del derecho fundamental a la libertad. No obstante, esta puede asfixiar fácticamente esta libertad fundamental.

Muchos alemanes, que en la RDA padecieron el régimen de regulación y vigilancia de la opinión por parte del Partido Socialista Unificado, se imaginaron la tierra de la Ley Fundamental como un paraíso de la libertad para reconocer, después de la reunificación, que si en efecto se trata de un paraíso, no sólo tiene un árbol prohibido, sino todo un bosque.

---

85 Importantes planteamientos sobre la comprensión jurídica de este asunto: Tribunal Regional de Turingia en asuntos laborales (ThürLAG), Sentencia de 15.2.2001, en DB 2001, p. 1204 y ss. Sentencia del 10.4.2001, en DB 2001, S. 1783 y ss.. Bericht über die Rechtslage der europäischen Staaten mit Bibliographie: FRANK LOHRO/ULRICH HILP, Acoso sexual en el puesto de trabajo, Editado por el Parlamento Europeo. Dirección general, economía, Serie asuntos sociales, SOC 108 DE. Cf. también MICHAELA WITTINGER/DIRK HERRMANN, Mobbing und Beamtenrecht, en ZBR 2002, p. 337 y ss.

## 2. POLITICAL CORRECTNESS

Un par de casos de la realidad alemana.

– El ministro de justicia de Sajonia, Steffen Heitmann, que en 1993 se posesionó como candidato para el cargo de Presidente de la República Federal, poco familiarizado con la jerga de los políticos de Alemania occidental y con el manejo de trampas de los medios de Alemania occidental, se dejó tentar por periodistas para hacer declaraciones sobre temas capciosos acerca de las mujeres, los extranjeros y la época nacionalsocialista. Estas declaraciones, que de suyo hubieran podido generar consenso, tal y como lo muestran algunas pruebas y sondeos de opinión, fueron tergiversadas por los hacedores hostiles de opinión. La frase: "Tenemos que ser un pueblo normal entre pueblos normales", es desfigurada, dando a entender que se toma partido contra las víctimas de Hitler y que se está del lado de los perpetradores. Heitmann resignó su aspiración[86].

– La felicidad en Fráncfort del Oder, sobre el regreso a casa del vitral de la Iglesia de Santa María, entregado de vuelta en el año 2002 del depósito ruso de botín de guerra, ha sido enturbiado desde que el superintendente general de la iglesia protestante de los Estado federados (*Länder*) de Brandenburgo y Berlín afirmara haber descubierto que el ciclo de

---

86 LOCKE (N 83).

imágenes elaborado hacia 1370 acerca del anticristo
del apocalipsis, tenía una tendencia antisemita. La
justificación: una pequeña máscara en la vestimenta
del diablo –un detalle imperceptible en una de las
imágenes– supuestamente presenta una marrana
que amamanta unos judíos. De esto último nada se
aprecia. La interpretación de la máscara, vista desde
la historia del arte, es desacertada. Sin embargo, la
denuncia es suficiente para poner en duda la reins-
talación del vitral[87].

– Annemarie Schimmel, profesora orientalista
de fama mundial, debía recibir el premio de paz
de la empresa editorial alemana (Friedenspreis des
deutschen Buchhandels), por sus méritos proporcio-
nando un acceso a la cultura islámica, sobre todo, a
la mística islámica. Un periodista se entera que ella
se ha expresado críticamente respecto del libro de
Salman Rushdie, *Los versos satánicos*, por el cual los
Ayatollahs de Irán han condenado al autor a muerte.
Se adelantó, entonces, una campaña de difamación
contra la sensible profesora, que fue soportada por
ella con una valerosa actitud[88].

– El centro de servicio para la antidiscriminación
de la ciudad de Hannover acudió en el año de 2002
al "teatro de Ägi", para que modificara el título de la
obra policiaca de Agatha Christie que presentaban.

---

87  Al respecto en referencias: SABINE WIERLEMANN, Political Cor-
    rechess in den USA und in Deutschland, 2002, p. 135 y s.

88  Al respecto EVA FITZ, Die Maske auf der Schulter des Teufels,
    en FAZ del 5.7.2003, n.° 54, p. 36.

El título era: "Diez negritos"*. La justificación de los funcionarios: los conciudadanos de origen africano pueden ver en la palabra "negritos" una tendencia racista despreciativa de la dignidad humana[89].

La clave es *political correctness*, un concepto importado de Estados Unidos, que en Alemania ha sido adaptado con cierta variación en su contenido[90], y se aplica al tipo de casos expuestos[91]. Los reguladores del lenguaje no han querido dejarse etiquetar con este concepto, toda vez que está impregnado del espíritu de contradicción y de ironía[92].

En el mandato de corrección política se mueve la esencia del jacobinismo de la época de los medios: el terror de la virtud. Este parte de los poderes de la opinión pública. Ellos profieren reglas en nombre

---

* N. d. t.: En alemán, el título de la obra es Zehn kleine Negerlein. El término "Neger", en referencia a personas de raza negra, se considera ofensivo.

89 Al respecto informes de prensa, en FAZ del 26.05.1995, n.º 121, p. 35; del 13.09.1995, n.º 213, p. 35; p. 16.10.1995, n.º 240/42, p.1, 9.

90 Mohrenwäsche, en FAZ del 8.2.2002, Nr. 33, p. 49.

91 DAZU JENS KAPITZKY, Sprachkritik und Political Correctness in der Bundesrepublik Deutschland, 2000, p. 35 y ss.; WIERLEMANN (N 87), p. 35 y ss.; CAROLINE MAYER, Öffentlicher Sprachgebrauch und Political Correctness, 2002, p. 147 y ss.

92 De forma representativa HABERMAS (N 28), p.13. En general, con referencias, WIERLEMANN (N 87), p. 104 y ss. Para una crítica general al dominio de la opinión a través de la corrección política: KLAUS J. GROTH, Die Diktatur der Guten. Political Correctness, 1996.

del *ethos* anticomunista, antifascista, antirracista,
y demás *antis*; exigen leyes de sometimiento, cons-
truyen campos minados para el discurso, ritualizan
reconocimientos públicos de los pecados y oficios de
penitencia. La picota y el destierro aguardan al rebel-
de. Los *buenistas* aborrecen las palabras afiladas, los
giros polémicos, la agudización intelectual, la picada
crítica. Totalmente obsceno les resulta un chiste sobre un tema tabú (un chiste sobre los extranjeros es
Auschwitz)*. Periodistas, literatos, jefes de Estado o
pastores políticos juegan su papel predilecto: ser la
conciencia de los demás. El moralismo penetra en el
vacío que ha dejado el retiro de la religión así como
la caída de la sociedad burguesa. Aquí se muestra
una secuela de la revolución cultural alemana. Los
emancipadores del ayer son los sensores de hoy.
Quien una vez se presentó predicando el discurso
libre de todo dominio, es el mayor fanático contra el
discurso libre, en la medida en que este lo restringe
a una zona por él vigilada. Con gallardos juicios, él
lucha contra la desregulación de los sentimientos,
contra "la des-sublimación de afectos purificados
y la recaída detrás de un cierto nivel alcanzado de
conciencia"[93]. Los tabús que aquí se instituyen y se
defienden, son aquellos de tipo ilustrado. Con ellos
se asegura el estado alcanzado de ilustración políti-

---

\* N.d.t: El autor utiliza la expresión "Ausländerwitz ist Auschwitz".

93 HABERMAS (N 28), p. 13.

ca, impidiendo que este sea derogado por la nueva generación de ilustradores, o que se retroceda a un estado anterior, tal y como lo entendería el ilustrador conservador.

La desprevención de la discusión y la liberalidad de la sociedad amenazan con generar peligro. ¿Puede ayudar el derecho? Poco. Los derechos penal y civil sancionan las violaciones al derecho a la personalidad; la protección al honor se muestra como una herramienta inocua[94]. El afectado puede quejarse cuando es mal citado[95], mas no cuando, por estupidez, se le entiende mal o se le interpreta de forma malintencionada.

La libertad de opinión y los demás derechos de comunicación no protegen de la crítica de los particulares ni de la marginación de la comunidad de comunicación. Quien se exponga manifestando su opinión se arriesga a ser contradicho. No se activa la obligación estatal de proteger el derecho fundamental. La opinión, de suyo, no es un bien jurídico. Solamente se protege la libertad de opinión; esta conviene a cada parte, al crítico y al criticado. Ella contempla acuerdo y negación. El Estado social no se activa. Su asunto es el fracaso de la competencia económica y no de la competencia de ideas. No ofrece

---

94 Al respecto, con referencias, JOSEF ISENSEE, Das Grundrecht auf Ehre, en: Festschrift für Martin Kriele, 1997, p. 5 (40 y ss.).

95 Cf. Sentencia del Tribunal Constitucional Federal (BVerfGE) 54, 208 (219); 61, 1 (8); 85, 1 (15); 90, 241 (248).

ninguna protección para el débil, para el renegado cuando el poder concentrado de los medios recae sobre él. Los medios también disfrutan de los derechos de libertad en el marco de las leyes generales.

Para la salvaguardia de la liberalidad en la sociedad, se precisa, ante todo, del arte de escuchar y la disposición de entender. Adicionalmente, se requiere franqueza, imparcialidad, moderación y respeto a la persona. Los poderosos en la lucha de opiniones, aquellos que tienen acceso a los medios, deben comprobar, sobre la base de la imparcialidad, si existe igualdad de armas para la contraparte. Estas, sin embargo, no son obligaciones jurídicas sino éticas que corresponden a las virtudes de la comunicación.

## 3. El tabú absoluto: el rechazo al nacionalsocialismo

Alemania es especialmente susceptible a los tabús. Ello radica en su pasado nacionalsocialista, en el que perdió su crédito ante sí misma y ante el mundo, junto con su inocencia nacional. Los alemanes se reencontraron consigo mismos en el reconocimiento de la violación al derecho que se asocia con su nombre, sobre todo, en el reconocimiento del genocidio de los judíos, en el arrepentimiento y en la vergüenza nacional. Ellos extraen como consecuencias del pasado, al que se enfrentan como pueblo, la disposición de asumir responsabilidad, y la voluntad de hacer todo lo posible para que lo mismo no vuelva repetirse, teniendo en consideración los sentimientos de las víctimas.

Aquí se ha desarrollado un nuevo elemento de la identidad alemana que deviene en un tabú por buenas razones. Su centro es la memoria de la Schoah[*]. La palabra que representa lo horroroso es "Auschwitz".

A partir del tabú pueden distinguirse las medidas para su garantía. Su verdadero poder de protección es la conciencia nacional. Las consecuencias de una violación son consecuencias políticas, y en el caso extremo, el destierro político. El derecho se activa cuando los bienes jurídicos como el honor y la tranquilidad pública son puestos en peligro. Anómala es, sin embargo, la llamada "mentira de Auschwitz", que garantiza una determinada verdad con los medios del derecho[96], desconfiando de la expectativa liberal fundamental de que esta verdad puede defenderse por sí misma, de que la obstinación se castigue a sí misma y de que la tontería no pueda extirparse, salvo por los medios del derecho penal.

Las medidas de derecho penal externas a la protección del bien jurídico, son prescindibles porque la vida pública política vigila de manera sumamente estricta la conservación del tabú y sanciona sus violaciones de la forma más severa. Basta con generar la apariencia de una violación para provocar el escándalo. Quien de manera dolosa o culposa se dirige a una zona peligrosa, se arriesga a ser atraí-

---

[*]   N. d. t: La palabra "Shoah" hace referencia al holocausto judío.

96  De manera exhaustiva con referencias. Thomas Wandres, Die Strafbarkeit des Auschwitz-Leugnens, 2000, S. 181 y ss., 276 y ss., passim. Recensión: Günther Jakobs, en GA 2001, p. 559 y ss.

do por el fascismo o antisemitismo. Ni siquiera es necesaria la culpa. Una selección de palabras que está por fuera de lugar (el uso de "la estrella judía" en el contexto de la agitación de los sindicatos) pone a Koch, presidente del Estado Federal de Hesse, en aprietos políticos[97]. El torpe discurso acerca del holocausto, a partir de un manuscrito que de suyo es inofensivo, conduce a que el orador, el Presidente del Parlamento Federal Jenninger, pierda su cargo[98]. La disputa de los historiadores sobre la cuestión de si el genocidio a los judíos, sin tener en cuenta su singularidad como acontecimiento histórico, puede ser igualado con otros fenómenos de genocidio en el siglo 20, abandona los caminos del discurso científico y se eleva a una lucha de creencias políticas en la que los representantes de la tesis de comparación fueron tachados de fascistas y expulsados de la sociedad de comunicación[99]. – Con el correr del tiempo, la imagen de Hitler se ha desprendido de sus condicionamientos temporales, y se ha erigido en medida absoluta por encima de cualquier escala histórica, que no obstante estar calificada como malvada bajo el signo moral negativo, refleja de manera absurda los delirios de grandeza del fracasado dictador.

---

97 Informe de prensa: FAZ del 4.12.2002, n.º 291, p. 6.

98 Al respecto KAPITZKY (N 91), p. 73 y ss; KEPPLINGER (N 64), p. 21.

99 Dokumentation der Kontroverse: Historikerstreit, Texte von Rudolf Augstein/Karl Friedrich Bracher entre otros., Serie Pieper Bd. 816,1995.

El tabú central del nacionalsocialismo está rodea-
do de otros tabús satélites históricamente asociados,
como el derecho de asilo, la política de inmigración,
la eutanasia, la tecnología genética o la política de
población que en condiciones de regresión es uno
de los principales problemas del país. Los grupos
heterogéneos que se definen según determinados
aspectos históricos como víctimas, intentan sacar
provecho del tabú. Como en las épocas de fanatismos
religiosos, en el entorno se despiertan las competen-
cias de credos, los zelotismos, los juicios por herejías,
la denunciación, la inquisición, el fariseísmo.

Incluso, en la escena cultural, con licencia para
violar tabús de todo tipo, también hay árboles prohibidos. La obra teatral de Werner Faßbinder, *La
basura, la ciudad y la muerte,* y la novela de Martin
Walsers, *La muerte del crítico,* desataron escándalos,
dado que ciertas figuras judías fueron expuestas de
modo negativo, no tanto en su condición de judías
como en su conducta capitalista o bien, como el
*hegemon* de la crítica literaria en Alemania. Martin
Walser había desatado ya un escándalo, cuando en
declaraciones públicas mostró el peligro de que los
arraigados rituales en memoria del holocausto se
instrumentalicen: "Auschwitz no es adecuado para
convertirse en rutina de amenaza, en mazo moral,
en medio para la intimidación aplicable en todo momento, o en mero ejercicio obligatorio"[100].

---

100 Al respecto con referencias, WIERLEMANN (N 87), p. 136.; KLAUS

Corresponde al rechazo del nacionalsocialismo un consenso antitotalitario sobre el que se funda la República Federal Alemana. Este implicó también un rechazo al totalitarismo socialista soviético. La democracia liberal se delimitó a sí misma respecto de la derecha y la izquierda por medio de un tabú. Contra la orientación antitotalitaria luchó la corriente antifascista, por la que el comunismo, aliado con la democracia liberal, se impuso para finalmente ocupar los espacios que dejó aquella orientación. Desde que la revolución cultural acabó con el tabú de izquierda, desde la caída de la cortina de hierro, con la cual desapareció la amenaza externa del totalitarismo comunista, se ha terminado por imponer el concepto antifascista en perjuicio del concepto antitotalitario – una victoria póstuma de la RDA. El tabú político del lado izquierdo de la república de Bonn se ha recogido[101].

---

von Dohnanyi, Hat uns Erinnerung das Richtige gelehrt?, 2003, p. 31 s.(Kritik an den Protestaktionen von «intoleranten, kreischenden Gruppen» gegen Walser).

101 Al respecto: Manfred Agethen, Eckhart Jesse/Erhard Neubert (ed.), Der mißbrauchte Antifaschismus, 2002; Walter Schmitt Glaeser, Ein Leben ohne Utopie?, en Wolfgang de Boor/Dieter Meurer (ed.), Über den Zeitgeist, 1993, p. 205 (202 y ss.).

# X. TABÚ DE LA IDENTIDAD CULTURAL

## 1. RESERVA CULTURAL EN EL DERECHO CONSTITUCIONAL

Hoy en día hay tabús como los ha habido en todos los tiempos. Cada cultura tiene valores que considera sagrados, sobre los que no habla, objetos que rodea de vergüenza. En los tabús salen a relucir las diferencias culturales. Cada cual da a conocer sus rasgos inconfundibles: su identidad. Bajo condiciones normales, los tabús no son tema de la reflexión o de la discusión. Cuanto más evidente es su validez, con mayor eficacia liberarán y ordenarán el curso de la sociedad. A su forma, ellos ayudan a remediar la inseguridad social instintiva de los hombres. Su utilidad solo se hace perceptible cuando estos se rompen. Mientras valgan no necesitan explicarse a sí mismos. La identidad no se puede fundamentar o contradecir. Ella está ahí. En ello radica el que no se pueda predicar superioridad de una cultura sobre otra; su identidad tiene un mismo valor.

Son parte de los tabús de nuestra sociedad, el incesto, el abuso sexual de menores, el canibalismo, la profanación de los cadáveres. Estos se topan con una repugnancia que está profundamente arraigada.

No requieren de prohibición jurídica. Hoy en día, estos tabús pueden más o menos fundamentarse racionalmente, y justificarse conforme a las reglas del individualismo de los derechos fundamentales y del funcionalismo del Estado de derecho. Con todo, aquí no se trata de este asunto. Los tabús resisten el examen constitucional porque representan el *ordre public* de nuestra cultura jurídica. El intérprete constitucional que debería fundamentar sus resultados conforme a lo aprendido, recurrirá, sin embargo, al derecho positivo, quizá a la protección de la dignidad humana, tal vez a los límites de la libertad de la ley moral e interpretaría asimismo las normas en el sentido de la tradición de nuestra cultura jurídica.

La Constitución es expresión de una cultura determinada, aunque se alimente de fuentes supranacionales y contenga elementos cosmopolitas. Con todo, la constitución no es un constructo racional y abstracto de un universo que abarca todo el espacio y el tiempo. Por ello, el intérprete debe comprobar, hasta qué punto, la autoafirmación cultural pone límites a la interpretación abstracta y racional, cuando hay injerencia en alguna reserva cultural. El intérprete no solo cubre estos tabús arcaicos. Contempla también prohibiciones y mandatos que, al surgir en un nivel superior de nuestra conciencia jurídica, encuentran su validez como tabús conscientes e ilustrados de tipo cultural.

Esto es válido, *mutatis mutandis*, incluso para la identidad nacional contemplada por el derecho europeo, la cual, en esencia, se encuentra marcada

por la cultura, la historia, la experiencia o las par-
ticularidades que alimentan la memoria colectiva.
La unidad de la voluntad de la nación no se puede
deducir de premisas racionales, sino históricas. En
ella también se evidencia la validez del lado irracional
del hombre, tallado a partir de un madero torcido.
Nosotros somos nosotros[102]. La nación no se niega
a sí misma en su constitución en la medida en que
ella se hace pasar como un subconjunto del concepto
abstracto de humanidad, sino que hace patente su
validez en ella, en su apertura al mundo, así como
en su particularidad. Es por ello que se pregunta si la
interpretación de los derechos fundamentales siguen
a un individualismo o funcionalismo radical, y si hay
que pulverizar todos los elementos culturales de la
tradición del orden jurídico que generan fricción
con las demandas de libertad: la unidad nominal del
matrimonio y la familia, el crucifijo en las escuelas
públicas, las instituciones del derecho canónico (en la
medida en que ellas pueden reconstruirse a partir de
la libertad individual de religión, como la protección
de los domingos y los días festivos religiosos)[103]. En

---

102 Cf. GERD ROELLECKE, Herrschaft und Nation (1944), en: la
    misma, Aufgeklärter Positivismus, 1995, p. 105 (131 y s.);
    *Isensee* (N 33). p. 137 (146 y ss.).

103 Sobre la discusión de reservas culturales en el derecho canó-
    nico, JOSEF ISENSEE, Verfassungsstaatliche Erwartungen an die
    Kirchen, en Essener Gespräche 25 (1991), p. 104 (105 y s.); la
    misma, Die Zukunftsfähigkeit des deutschen Staatskirchen-
    rechts, en: Festschrift für Joseph Listl, 1999, p. 67 (87 y s.);

la jurisprudencia del Tribunal constitucional alemán se encuentran incluso impulsos para interpretar la libertad religiosa, no como una libertad universal de los individuos abstractos, sino como un derecho en el contexto concreto de círculo cultural. De nuestro círculo cultural. "La Ley Fundamental no ha querido proteger cualquier tipo de ejercicio de las creencias sino aquellas que se han formado a lo largo de la historia en las diferentes culturas sobre la base de cierta visión común fundamental"[104]. El tribunal reconoce la impronta de origen cristiano del Estado secular aun cuando no extraiga de ahí consecuencias jurídicas: "Ni siquiera un Estado que garantiza comprensivamente la libertad y que se obliga a sí mismo a la neutralidad religiosa, puede suprimir las

---

MARTIN HECKEL, Das Gleichheitsgebot im Hinblick auf die Religion, en JOSEPH LISTL / DIETRICH PIRSON (ed.), Handbuch des Staatskirchenrechts, Bd. I, 21994, p. 623 (646 y s.); PAUL KIRCHHOF, Die Kirchen und die Religionsgemeinschaften als Körperschaften des öffentlichen Rechts, ebd., p. 651 (669): la misma, Der Staat als Organisationsform politischer Herrschaft und rechtlicher Bindung, en DVB1. 1999, p. 637 (642y s: "Die Unverfügbarkeit des Vorgefundenem); CHRISTIAN HILLGRUBER, Der deutsche Kulturstaat und der muslimische Kulturimport, en JZ 1999, p. 538 (546, 547); ARND UHLE, Das Verhältnis von Kirche und Staat als Ausdruck abendländischer Kulturidentität, 2003, Typoskript p. 123 y ss.

104 Sentencia del Tribunal Constitucional Federal (BVerfGE) 12, 1 (4). De modo similar, Sentencia del Tribunal Constitucional Federal BVerfGE 24, 236 (246). Para una posición aparentemente contraria Sentencia del Tribunal Constitucional Federal (BVerfGE) 41,29 (50).

convicciones, los valores y las opiniones arraigadas
en la historia, mediadas por la cultura, sobre las que
se basa la cohesión social y de las que depende el
cumplimiento de sus propias tareas. El culto cristiano
y las iglesias cristianas, como quiera que actualmente
pueda juzgarse su legado, tiene bastante influencia.
Las tradiciones de pensamiento, las experiencias y
los modelos de comportamiento que se le atribuyen
no son indiferentes al Estado[105].

Queda por preguntar si los intérpretes de los derechos fundamentales en la interpretación del libre
desarrollo de la personalidad que corresponde al
derecho general de actuar libremente, pueden ignorar
completamente los límites que impone la ley moral.
La constitución de la libertad no organiza la emancipación del individuo como progreso hacia el infinito,
hasta que los últimos restos de las tradiciones y las
tradiciones se hagan añicos. Ella ofrece a la cultura
y al *ethos* de la sociedad un espacio de libertad. El
Estado debe respetar la cultura y el *ethos* tal y como
son: como obra de la libertad. Ellos pueden trans-
formarse a partir de sí mismos. Sin embargo, no es
asunto del Estado producir las transformaciones y
tomar por su propia mano el "progreso".

---

105 Sentencia del Tribunal Constitucional Federal (BVerfGE) 93,1
    (22) - Kruzifix-Beschluss. El pasaje citado es un consuelo que
    resulta completamente opacado por el resultado práctico de
    la sentencia. El pronunciamiento en general es una colcha
    de retazos de manifestaciones que son irrelevantes para el
    resultado y que, en parte ,se contradicen (al igual que la cita
    en la parte superior).

## 2. TABÚ CULTURAL PARA LA SALVACIÓN DEL HUMANUM

La sociedad constantemente redefine su identidad. Ella no solo recurre o busca rehabilitar sus existencias tradicionales. Por el contrario, debe encontrar nuevas respuestas para nuevos desafíos, y así determinar cómo va a subsistir en nuevas circunstancias. La tecnología genética plantea actualmente este desafío.

El problema de permisibilidad de la clonación reproductiva puede servir como piedra de toque de una reserva cultural[106]. La interpretación constitucional está en esta encrucijada. A favor de la permisión hablan considerables intereses de la investigación, las esperanzas del progreso científico, el anhelo por nuevos conocimientos, la amplificación de las posibilidades de acción, la aspiración del dominio de los hombres sobre la naturaleza y la disolución de la

---

106 Posición negativ del Parlamento Alemán, (Bundestag) del 20. Februar 2003, Drs. 15/463. Al respecto WINFRIED BROHM, Forum: Humanbiotechnik, Eigentum und Menschenwürde, en JuS 1998, p. 197 y ss.; JOSEF ISENSEE, Die alten Grundrechte und die biotechnische Revolution, en: Festschrift fur Alexander Hollerbach, 2001, 5.243 (261 y s.); THOMAS KIENLE, Das Verbot des Klonens von Menschen, en ZRP 1998, p. 186 y ss.; Kunig (N 45). Art. I Rn. 36; LARS WITTECK/CHRISTIAN ERICH, Straf- und verfassungsrechtliche Gedanken zum Verbot des Klonens von Menschen, en MedR 2003, p.258 (261 y s.); MATTHIAS HERDEGEN, en Theodor Maunz/Günter Dürig, Grundgesetz, Stand 2003, Art. 1 Abs. I Rn. 98. - Posición: REINHARD MERKEL, Forschungsobjekt Embryo, 2002, p. 250 y ss.

casualidad a través de estructuración planificada. A esta tendencia se unen los derechos fundamentales de libertad de la ciencia, de profesión y el derecho general a la libre acción.

Los derechos fundamentales que ponen límites a la libertad del otro no pueden invocarse. Aquí no puede hablarse aún de la existencia de alguna persona cuyo derecho a la vida y cuyo derecho a la autodeterminación virtual en progresión deba respetarse. A lo mucho, el recurso a la garantía de dignidad humana pondrá algún límite. Esta no es, sin embargo, la dignidad del individuo clonado que todavía no viene a la existencia, pero sí la dignidad que este tendría de llegar a existir. Una norma jurídica que prohíbe alguna forma de procreación artificial no protege al ser viviente hipotético cuya existencia esta forma impide. La dignidad en la que se apoya la prohibición sería aquella de la especie humana en su integridad biológica. El concepto de dignidad humana es altamente abstracto. A la luz del derecho, la dignidad humana no constituye un derecho fundamental, sino el fundamento de los derechos fundamentales. A partir de él no se deducen de modo inmediato prohibiciones y limitaciones de derechos fundamentales. Pareciera que hasta el momento ningún intérprete ha logrado justificar de modo plausible la prohibición de clonación conforme con el análisis habitual de la injerencia en el derecho fundamental, a través de consideraciones de racionalidad instrumental conforme con la prohibición de exceso. Por el contrario, los opositores de la clonación se recogen tras el escudo de protección de la dignidad humana como una mera afirmación. ¿Se ha decidido ya con esto la disputa?

Yo creo que no. La dignidad humana de la Ley Fundamental, como lo afirmó Theodor Heuss en el consejo parlamentario es una "tesis no interpretada"[107]. Esto no quiere decir, sin embargo, que no sea capaz, ni necesite interpretación. Para convertirse en operativa precisa de las facultades creadoras del intérprete, de los subprincipios que concretan la idea abstracta y que median en la práctica. Dicho de otro modo: el concepto abierto (mas no vacío) de la dignidad humana exige una decisión acerca de cómo el ser humano en su horizonte jurídico y cultural se entiende a sí mismo, y acerca de lo que se debe a sí mismo. En últimas, esto no es un acto de conocimiento sino de voluntad, más allá de la racionalidad y la irracionalidad. En aras de su especie, el ser humano no tiene permitido convertirse a sí mismo en objeto de sus habilidades técnicas, tomar su creación por su propia mano y su voluntad como si fuera Dios. Él no puede enaltecerse para degradarse a su vez, como un producto de fábrica. Aun cuando no comprenda su identidad genética como una providencia divina, sino como producto de la casualidad, el respeto por el principio de casualidad configura una protección frente a la manipulación genética ilimitada, un

---

107 JöR n. F. I (1951). p. 49.

reconocimiento de que el ser del humano en cada individuo está dado como indisponible.

El avance genético debe respetar un tabú de moralidad humana que el ordenamiento jurídico ha erguido consciente y planificadamente, sin tener que fundamentarlo conforme a la racionalidad instrumental. Un árbol prohibido, el jardín de la libertad como derecho fundamental, una señal "de respeto salvador frente a sí mismos"[108].

---

108 Cita: THOMAS MANN, Versuch über Schiller (1955), en la misma, Nachlese. Prosa 1951-1955,1956, 5. 57 (140).

## SOBRE EL AUTOR

JOSEF ISENSEE, Prof. Dr. Dr. h.c. Es profesor emérito de la Universidad de Bonn desde el 2002 en el área de Derecho Público. De 1971 a 1975 se desempeñó como profesor en la Universidad de Saarland, en la Cátedra de Derecho Constitucional y Derecho administrativo. Desde 1986 es miembro ordinario de la Academia de las Ciencias de Renania del Norte-Westfalia en Düsseldorf (Nordrhein-Westfälischen Akademie der Wissenschaften zu Düsseldorf). En 1997 se le otorgó el grado de doctor honoris causa *scientarium iuris* de la Facultad de Derecho Canónico de la Academia de Teología Católica de la Universidad de Varsovia (actualmente Universidad Kadinal Stefan Wyszynski). En el semestre de verano 2002-2003 fue profesor invitado en la Universidad Friedrich-Schiller de Jena. En el semestre de invierno 2003-2004 fue profesor invitado en la Universidad Libre de Berlín. En el semestre de verano en el 2010 fue profesor invitado en la Universidad católica de Eichstätt-Ingolstadt. Autor de una abundante obra que contiene diversos escritos sobre derecho constitucional y derechos fundamentales. Se destacan, entre otras, *Subsidiaritätsprinzip und Verfassungsrecht. Eine Studie über das Regulativ von Staat und Gesellschaft. Schriften zum*

*Öffentlichen Recht"* (1.ª ed. 1968, 2.ª ed. adicionada 2001), *Subsidiaritätsprinzip und Verfassungsrecht. Eine Studie über das Regulativ von Staat und Gesellschaft. Schriften zum Öffentlichen Recht* (1969); *Braucht Deutschland eine neue Verfassung? Überlegungen zur neuen Schlußbestimmung des Grundgesetzes, Art. 146* (1992); *Das Volk als Grund der Verfassung – Mythos und Relevanz der Lehre von der verfassunggebenden Gewalt* (1995); *Vom Stil der Verfassung. Eine typologische Studie zu Sprache, Thematik und Sinn des Verfassungsgesetzes* (1999); *Tabu im freiheitlichen Staat. Jenseits und diesseits der Rationalität des Rechts* (2003); *Recht als Grenze – Grenze des Rechts. Texte 1979-2009* (2009). Es editor, junto con Paul Kirchhof, de los manuales de derecho constitucional (Handbuch des Staatsrecht) y de derechos fundamentales (Handbuch der Grundrechte") en los que contribuye, entre otras, con los escritos "Staat und Verfassung" (1995), "Gemeinwohl und Staatsaufgaben im Verfassungsstaat" (2.ª ed. 1996), "Das Grundrecht als Abwehrrecht und als staatliche Schutzpflicht" (2.ª ed. 2000), „Grundrechtsvoraussetzungen und Verfassungserwartungen an die Grundrechtsausübung" (2.ª ed., 2000) y "Verfassungsrecht als politisches Recht" (1992).

www.ingramcontent.com/pod-product-compliance
Lightning Source LLC
Chambersburg PA
CBHW052059270326
41931CB00012B/2816